늘 변함없는 관심과 응원에
깊이 감사드립니다.

최정무 드림

———

I am deeply greatful
for your unwavering interst and support.

Sincerely, Jungmoo choi

Web3
혁명을
설계하라

철학이 기술을 완성하다, 아멕스지의 도전
Web3 혁명을 설계하라

초판 1쇄 인쇄 2025년 12월 10일
초판 1쇄 발행 2025년 12월 15일

지은이 최정무
펴낸곳 굿모닝미디어
펴낸이 이병훈

출판등록 1999년 9월 1일 등록번호 제10-1819호
주소 서울시 마포구 동교로50길 8, 201호
전화 02) 3141-8609
팩스 02) 6442-6185
전자우편 goodmanpb@naver.com

ISBN 978-89-89874-58-4 03320

- 책값은 뒤표지에 있습니다.
- 잘못된 책은 구입하신 서점에서 바꾸어 드립니다.

Web3 혁명을 설계하라

철학이 기술을 완성하다, 아멕스지의 도전

최정무 아멕스지그룹 회장 지음

Design the Web3 Revolution
Philosophy Perfects Technology, AMAXG's Challenge

굿모닝미디어

추천사

디지털 혁신 선도자

"이 책은 기술서가 아니다. 하나의 산업 설계서이자, Web3 시대를 선도할 전략 지침서다. 블록체인과 AI가 융합된 생태계를 기업 경영자의 시선으로 해석한 드문 저작이다. AMAXG의 도전은 단순한 스타트업의 성공 사례가 아니라, '탈중앙화 경제'의 실험이자 실천이다."

— 최은수(인텔리빅스 대표)

Web3.0 및 블록체인 전문가

『Web3 혁명을 설계하라』는 기술혁신의 근본을 '인간의 철학'에서 찾는다. 최정무 회장은 기술의 속도보다 방향의 중요성을 강조하며, 데이터 주권, AI 윤리, 분산경제라는 세 가지 축으로 새로운 패러다임을 제시한다. 학문적 통찰과 산업적 실무가 공존하는 보기 드문 교양 경영서다."

— 윤석빈(서강대학교 특임교수)

인공지능/빅데이터 연구자

"AI-ZIO는 단순한 검색 플랫폼이 아니라 '지식의 블록체인화'를 구현한 혁신적 시스템이다. 최정무 회장의 철학은 기술을 인간의 확장으로 이해하고, 모든 데이터가 개인의 자산으로 돌아가는 세상을 꿈꾼다. 이 책은 그 비전을 가장 현실적으로 구현한 청사진이다."

— 김영근(3K Software 회장)

서문
철학이 기술을 완성하다

1. 새 시대의 문턱에서

인류는 지금 거대한 전환의 시대를 맞고 있다. 데이터는 새로운 원유가 되었고, 인공지능은 지식의 형태를 다시 쓰고 있다. 그러나 기술의 진보가 인간의 자유와 연결되지 않는다면, 그것은 진보가 아니라 속박이다.

Web3는 단순히 인터넷의 진화가 아니다. 그것은 데이터의 주권을 인간에게 되돌리는 철학적 혁명이다. 중앙집중화된 플랫폼이 모든 정보를 통제하던 시대에서, 이제 개인이 자신의 데이터, 지식, 창작물, 그리고 경제적 가치를 소유하고 통제하는 시대가 열리고 있다.

아멕스지(AMAXG)는 그 전환의 한가운데서 새로운 설계를 시작했다. 기술이 인간을 대신하는 시대가 아니라, 기술이 인간을 증명하는 시대를 만들기 위해서다.

2. 기술은 수단이고 철학이 목적이다

Web3와 AI의 융합은 기술사에 중요한 혁신이지만, 그 혁신의 본질은 '어떤 기술을 만들었는가'가 아니라 '그 기술이 인간에게 무엇을 돌려주는가'에 있다. 아멕스지는 기술보다 철학이 먼저였다. 우리가 만든 비즈오토 메인넷(BizAuto MainNet)은 블록체인 기술의 진화이자, '기술은 인간의 자유를 확장해야 한다'는 믿음의 구현이었다. 그 위에서 만들어진 모든 플랫폼은 인류의 디지털 주권을 복원하기 위한 철학적 실험이자 경제적 혁명이다.

3. 블록체인, 인공지능, 그리고 인간

세계 최초로 인공지능과 블록체인을 결합한 검색 플랫폼 'AI-ZIO'는 인간의 지식 활동을 블록체인 위에 기록하고, 그 기여를 PoKC(Proof of Knowledge Contribution)로 증명한다. 지식은 더 이상 무료로 소모되는 콘텐츠가 아니라, 기여한 만큼 보상받는 경제적 가치가 된다.

AI가 지식을 분류하고 Web3가 그것을 보상하는 구조, 그것이 아멕스지가 정의하는 AI·Web3 융합 생태계의 본질이다.

4. 기술에서 경제로, 경제에서 문명으로

비자카네기몰(BIZA-CarnegieMall)은 세계 최초의 Web3 기반의

P2P 쇼핑몰로, 블록체인 기술이 실생활로 연결되는 지점을 보여준다. 스마트 컨트랙트(Smart Contract) 기반의 결제와 탈중앙 거래는 기술이 만든 신뢰의 속도를 상징한다.

NFT 갤러리 BIZA-UVIT, 교육 플랫폼 BIZA-Metaversity, 메타버스 생태계 BIZA-MetaWorld, 결제 인프라 BIZA-INApp, 그리고 DAO(Decentralized Autonomous Organization) 거버넌스, ZIOW 토큰까지, 모두 하나의 철학적 메시지를 공유한다.

"경제는 인간의 자유를 위한 도구여야 한다."

5. 탈중앙과 중앙의 균형

완전한 탈중앙은 이상적이지만, 현실적이지 않다. 아멕스지는 중앙집중형의 효율성과 탈중앙화(Decentralization)의 투명성을 결합한 하이브리드 Web3 구조를 설계했다.

비자인카브(BIZA-INCAV) 플랫폼은 바이오(Bio) 제품 유통을 기반으로 하면서, 전 산업으로 확장이 가능한 클래식 유통의 디지털 혁신 모델이다. 중앙의 질서와 탈중앙의 자유를 함께 품은 이 구조는 현실적이면서도 철학적인 Web3 구현의 표본이다.

6. 철학은 방향을, 기술은 속도를

Web3의 본질은 코인이 아니며, AI의 본질도 알고리즘이 아니다. 철학이 없다면 기술은 방향을 잃는다. 이 책은 기술서가 아니라, 철학과 경영의 교차점에서 쓰인 설계도이다.

"기술은 인간을 바꾸지 않는다. 철학이 기술을, 그리고 사람이 문명을 바꾼다."

7. 미래를 설계하는 사람들에게

이 책은 Web3 시대를 준비하는 리더, 학자, 정책전문가, 그리고 청년 창업자들을 위한 나침반이다. AI와 블록체인의 혁명은 이미 시작되었으며, 이제 필요한 것은 기술이 아니라 철학적 설계력이다.

8. 새로운 문명의 시작점에서

아멕스지는 스스로를 기술기업이 아니라 철학기업이라 부른다. 우리는 기술을 통해 인간의 가치를 지키는 길을 설계한다. 이 책은 그 질문에 대한 우리의 답이며, 아직 완성되지 않은 설계도의 첫 장이다.

"기술은 인간을 위한 것인가, 인간이 기술을 위한 것인가."

이제, Web3 혁명을 설계하라. 이것은 단지 기술의 이야기가 아니라, 인류의 다음 세대를 위한 철학의 기록이다.

《Web3 혁명을 설계하라》 Core Insights

지금, 세상은 새로운 전환점을 맞이하고 있습니다. 인터넷의 시대, Web2.0을 지나 이제 '탈중앙화된 신뢰의 기술', Web3.0의 시대가 도래했습니다.

그러나, 현실은 아직 Web3로 한 걸음도 나아가지 못했습니다. 그 이유는 진정한 Web3를 구현할 수 있는 완성된 플랫폼이 없었기 때문입니다.

《Web3 혁명을 설계하라》 이 책은 단순한 기술 해설서가 아니라 미래 사회를 바라보는 하나의 '철학적 선언문'입니다.

1. 철학이 기술을 이끌다

저자 최정무 회장은 말합니다.

"기술은 인간을 바꾸지 않습니다. 철학이 기술을, 그리고 사람이 문명을 바꿉니다."

그의 여정은 기술보다 사람을 먼저 보는 시선에서 시작되었습니다. 아멕스지는 기술 기업이 아니라, 철학 기업입니다. 데이터의 효율보다 인간의 신뢰를 우선했고, 편리함보다 자율성을 중시했습니다. 그 철학이 만들어낸 결실이 바로 Web3 시대를 선도하는 BizAuto 플랫폼입니다.

2. BizAuto 플랫폼 – 기술의 설계도

BizAuto는 단순한 블록체인이 아닙니다. 인간의 철학이 구현된 시스템이자 Web3 생태계의 근본 구조를 이루는 메인넷입니다.

그 위에 구축된 BIZA-CarnegieMall은 중개자가 없는 P2P 쇼핑 생태계를 실현합니다. 소비자와 판매자가 직접 연결되고, 결제는 암호화폐로 이뤄집니다.

BIZA-UVIT은 NFT를 통해 예술과 기술을 잇습니다.

실물 예술품 거래에 NFT 인증을 결합함으로써 디지털 자산의 소유권을 명확히 증명합니다.

이 외에도 BIZA-Metaversity, BIZA-MetaWorld, BIZA-INApp 등 교육·메타버스·결제 시스템이 모두 하나로 연결되어 있습니다.

BizAuto는 인간 중심의 Web3를 구현한 최초의 완전 생태계입니다.

3. AI-ZIO 플랫폼 – 인간 중심의 인공지능

AI-ZIO는 단순한 AI 검색 플랫폼이 아닙니다. 인간의 지식 기여를 블록체인으로 증명하고 그 가치에 대해 보상하는 새로운 구조입니다.

기존의 인공지능이 데이터를 '소비'했다면, AI-ZIO는 데이터를 '공유하고 보상'합니다. 이를 'Proof of Knowledge Contribution'이라 부릅니다.

AI-ZIO는 잘못된 정보를 스스로 걸러내고, 지식의 신뢰도를 학습하며, 참여자에게 ZIOW 토큰을 통해 공정한 보상을 제공합니다.

AI와 블록체인이 결합된 이 모델은 인류가 만든 데이터 문명에 신뢰의 질서를 부여합니다. 그것이 바로 인간 중심 AI의 출발점입니다.

4. DAO – 기술 민주주의의 완성

Web3의 진정한 가치는 '참여'에 있습니다.

DAO, 탈중앙 자율조직은 그 철학을 현실로 만듭니다.

ZIOW 생태계에서는 모든 결정이 투표를 통해 이루어집니다. 누구나 참여할 수 있고, 누구나 보상받습니다. 이것이 기술 민주주의, Web3 시대의 새로운 거버넌스입니다.

DAO는 단순한 조직이 아니라, 세계 곳곳의 사람들이 스스로 연결되는 '분권형 공동체'입니다. 그들은 프로젝트를 제안하고, 생태계 발전에 기여하며, 그 보상으로 다시 토큰을 받습니다.

기술이 인간을 통제하는 시대에서 이제 인간이 기술을 공동으로 이끌어가는 시대가 열린 것입니다.

5. 아멕스지의 도전과 비전

아멕스지의 도전은 멈추지 않습니다.

그들의 철학은 단 하나의 문장으로 요약됩니다.

"기술은 인간을 바꾸지 않는다. 철학이 기술을 완성한다."

최정무 회장은 이 철학을 기반으로 Web3 생태계와 AI 문명을 융합하는 'AI-ZIO×ZIOW Alliance'를 준비하고 있습니다.

그는 기술을 '도구'가 아닌 '사람을 위한 언어'로 정의합니다.

AI가 인간의 지식을 배우고,

블록체인이 인간의 신뢰를 보증하는 세상.

그것이 바로 Web3 혁명의 본질입니다.

6. 미래를 설계하라

《Web3 혁명을 설계하라》는 미래를 바라보는 기업가, 정책가, 학자들에게 하나의 청사진을 제시합니다.

이 책은 묻습니다.

"당신의 기술은 인간을 향해 있는가?"

"당신의 철학은 기술을 이끌고 있는가?"

Web3는 더이상 기술의 용어가 아닙니다.

인간과 사회가 함께 진화하는 새로운 문명의 언어입니다.

Web3 혁명을 설계하라.

이 책은 기술과 인간, 철학과 혁신이 만나는 새로운 문명의 지도를 펼칩니다.

추천사 4

서문 _ 철학이 기술을 완성하다 6

《Web3 혁명을 설계하라》 Core Insights 10

1장 Web3.0의 철학과 아멕스지의 시작

1 중앙집중형 인터넷의 한계 ……………………………………… 22
2 Web3.0의 철학— 데이터 주권은 사용자에게 …………………… 26
3 BizAuto MainNet의 탄생 배경 …………………………………… 31
4 AutoXML 기술과 DPoS 합의 알고리즘 ………………………… 35
5 아멕스지의 창업정신과 '지속 가능한 블록체인' ………………… 40

2장   BizAuto MainNet의 구조와 핵심 기술

1. BizAuto MainNet의 설계 철학 ………………………………… 46
2 BizAuto MainNet의 계층적 구조(5 Layer System) …………… 51
3 DPoS 합의 구조의 구현 원리 …………………………………… 56

4. AutoXML의 데이터 구조화 원리	62
5 Smart Contract 및 BizAuto Token 시스템	67
6 보안 및 Safety Layer 설계	73
7 BizAuto MainNet과 Web3 플랫폼의 연결성	78
8 기술의 사회적 의미 — 신뢰의 설계	83

3장 BizAuto Web3 툴즈 - 플랫폼의 엔진

1. Web3 Tools 개념과 역할	88
2 BIZA-DID Tool — 탈중앙 신원인증의 표준	92
3 BIZA-Wallet Tool — 다중 지갑 통합 모듈	97
4 BIZA-KYC Tool — 신뢰와 규제의 균형	102
5 BIZA-OTP Tool— 실시간 보안의 최종 방어선	106
6 BIZA-NFT Tool — 디지털 소유권의 혁신	110
7 BIZA-Metaverse Tool— 디지털 자산의 공간화	115
8 BIZA-INApp Tool — Web2 → Web3 브릿지 결제	120
9 BIZA-Market Tool — P2P 유통을 지원하는 마켓 API	125
10 Web3 Tools의 산업적 활용사례	131

4장 BizAuto Web3 생태계의 플랫폼 구조

1 AI-ZIO — AI+Web3 융합 검색 서비스　　　　　　　　　138
2 BIZA-CarnegieMall — Web3 P2P 쇼핑 플랫폼　　　　　142
3 BIZA-UVIT— Web3 NFT 갤러리 플랫폼　　　　　　　147
4 BIZA-Metaversity — Web3 P2P 교육 플랫폼　　　　　151
5 BIZA-MetaWorld — Web3 메타버스 플랫폼　　　　　　156
6 BIZA-INApp — Crypto 간편결제 서비스　　　　　　　161
7 BIZA-INCAV — BIO 플랫폼　　　　　　　　　　　　166
8 BIZA-Defi — 지갑 기반의 복리보상형 DeFi 시스템　　　172
9 BizaPAY Wallet — Crypto Wallet 및 Web3 결제 허브　　177

5장 AI-ZIO와 데이터 주권형 AI 생태계

1 AI-ZIO의 개념과 기술 구조　　　　　　　　　　　　184
2 PoKC(Proof of Knowledge Contribution) 합의철학　　188
3 AI와 Web3의 융합 원리　　　　　　　　　　　　　　192
4 ZIOW 토큰의 기능과 역할　　　　　　　　　　　　　197

5 데이터 경제의 새로운 가치사슬	201
6 AI-ZIO의 보상 메커니즘	206
7 AI 데이터 마켓과 DAO 거버넌스 구조	211
8 글로벌 AI 지식 생태계로의 확장	216

6장 ZIOW 토큰 이코노미 구조

1 토큰 발행 구조 및 유통 모델	222
2 DAO 기반의 경제정책 결정 구조	226
3 스테이킹·복리 보상 및 락업 설계	230
4 ZIOW의 메커니즘	234
5 BizaPAY Wallet 기반의 DeFi 연동	239
6 글로벌 DAO 펀드 및 Zealy Quest 구조	243

7장 기술 거버넌스와 보안 아키텍처

1 BizAuto MainNet의 보안 모델 — 248
2 데이터 무결성과 암호화 체계 — 252
3 DAO 투표 시스템 및 의사결정 절차 — 256
4 스마트 컨트랙트 검증 프로세스 — 260
5 AI와 결합된 보안 인텔리전스 — 264
6 Web3의 법적·제도적 대응전략 — 268
7 글로벌 규제와 기술의 조화 — 272

8장 인간 중심의 Web3 철학과 미래사회 비전

1 기술은 인간을 바꾸지 않는다, 철학이 바꾼다 — 278
2 Web3의 사회경제적 전환 — 281
3 탈중앙화 시대의 새로운 리더십 — 285
4 DAO와 거버넌스의 민주화 — 289
5 인간 중심 AI 문명으로의 도약 — 293
6 아멕스지의 미래 선언—"철학이 기술을 완성한다" — 296

에필로그 _ 대한민국에서 시작된 혁명	300
감사의 글	303

부록 산업연구 논문

Web 3.0 기반 탈중앙화 플랫폼이 전통 산업에 미치는 영향	307

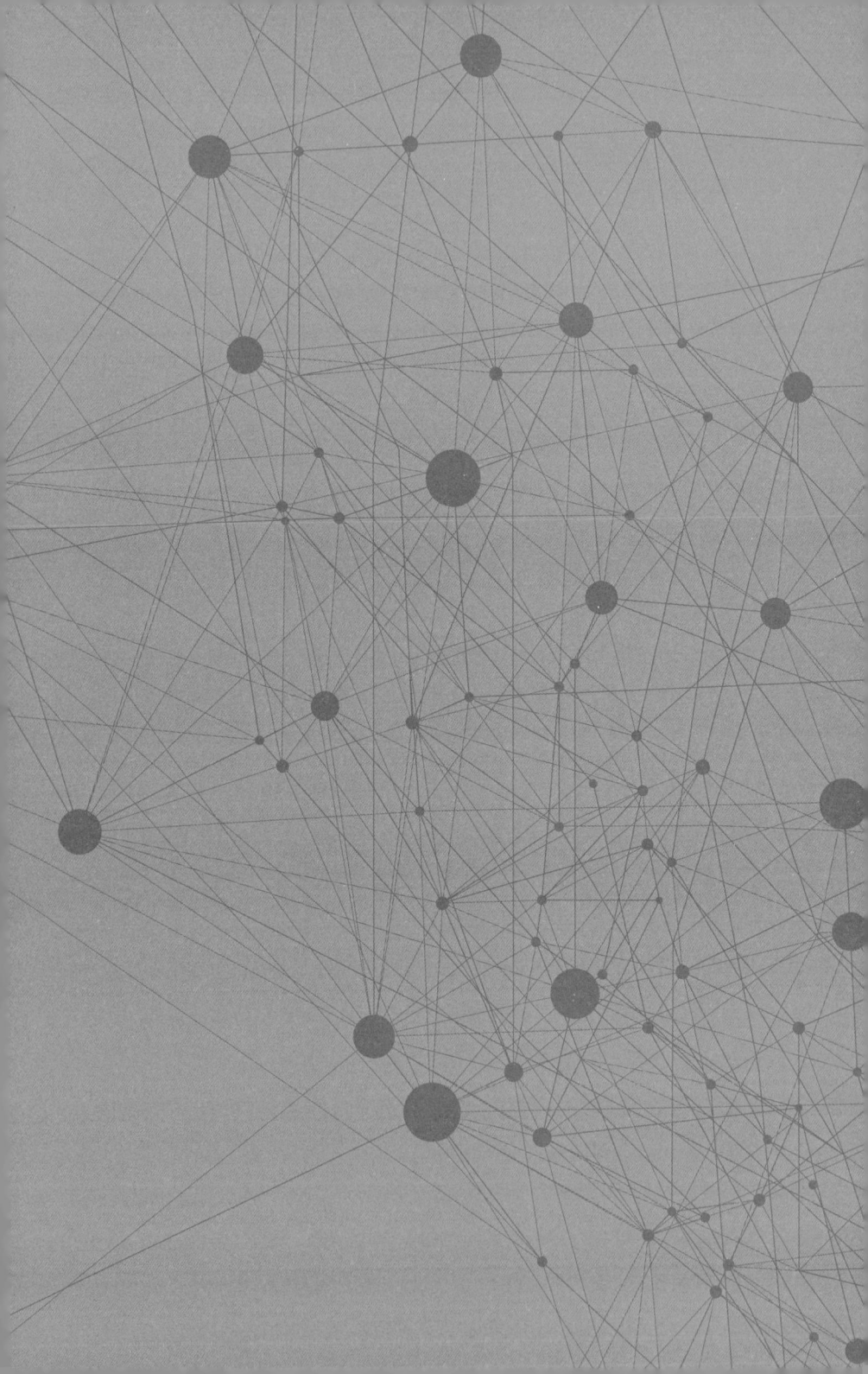

1장
Web3.0의 철학과 아멕스지의 시작

1
중앙집중형 인터넷의 한계

　인터넷은 원래 자유와 분산을 지향했다. 하지만, 상업화와 플랫폼 독점으로 인해 점차 중앙집중화가 심화되었다. 본 절은 이러한 과정을 다룬다.

　Web1.0과 Web2.0 시대를 거치며 사용자는 참여의 주체가 되었으나, 생성된 데이터의 소유권은 여전히 플랫폼에 귀속되었다. 이러한 데이터 독점 구조는 개인의 권리 상실과 사회적 불평등을 초래하고, 해킹·검열·유출 등 다양한 위험을 발생시켰다.

　이에 대한 반성으로 등장한 Web3.0은 '데이터 주권의 회복'을 핵심 철학으로 삼는다. 아멕스지(AMAXG)는 이러한 철학을 실현하기 위해 비즈오토 메인넷(BizAuto MainNet)을 설계하여, 효율성과 분산의 균형을 이루는 지속 가능한 탈중앙화

(Decentralization) 모델을 제시하였다.

인터넷의 탄생과 중앙집중화의 시작

인터넷은 본래 자유를 위한 기술이었다. 아르파넷(ARPANET)에서 시작된 인터넷은 '모든 사람을 연결하는 분산 네트워크'라는 이상을 품고 있었다. 그러나 상업화와 플랫폼화가 진행되면서, 그 자유는 점차 특정 기업의 데이터 서버 속으로 갇히게 되었다.

Web1.0은 정보 공개를 가능하게 했지만, 정보의 소유자는 여전히 공급자였다. Web2.0은 사용자가 콘텐츠를 생산하는 '참여의 시대'를 열었지만, 그 생산물의 소유권은 플랫폼이 가져갔다.

구글(Google), 페이스북(Facebook), 아마존(Amazon) 등 거대 플랫폼은 사용자의 클릭, 검색, 대화, 사진, 이동 경로까지 수집하며 '데이터를 통한 독점적 가치'를 만들어냈다. 사용자는 서비스를 이용하는 주체이지만, 동시에 상품이 되었다. 이것이 중앙집중형 인터넷 구조의 본질적 모순이다.

데이터 독점이 낳은 불균형

데이터는 21세기의 석유라 불린다. 그러나 그 석유의 원천은 개인의 일상, 지식, 감정, 취향에서 나온다. 그럼에도 불구하고 개인은 자신이 제공한 데이터에 대한 권리와 보상을 거의 받지 못한다.

플랫폼은 '무료 서비스'라는 이름으로 사용자로부터 데이터를 수집하고, 그 데이터를 통해 광고 수익과 알고리즘 효율을 극대화한다. 사용자는 서비스를 쓸수록 데이터 주권을 잃고, 기업은 쓸수록 더 많은 이익을 얻는다. 이 구조는 현대 디지털 사회의 불평등을 상징한다.

중앙집중형 시스템의 사회적 비용

중앙집중형 시스템은 효율적이다. 그러나 효율의 대가는 자유의 상실이다. 데이터는 한곳에 모일수록 유용해지지만, 동시에 위험해진다.

대형 해킹 사건, 개인정보 유출, 데이터 조작, 플랫폼의 검열 문제는 모두 '한 점에 집중된 권력'에서 비롯된다. 데이터의 흐름이 단일 통제체계에 종속될 때, 그 사회는 기술적으로 편리하지만, 철학적으로는 취약해진다.

새로운 패러다임의 요구

정보기술이 발전할수록 인간은 더 많은 선택을 할 수 있을 거라 믿었다. 그러나 현실은 그 반대였다. 선택은 늘지 않았고,

플랫폼 권력은 강화되었다. 이 상황을 바꾸기 위한 새로운 철학이 요구되었다. '데이터의 주인은 누구인가?' 이 단순한 질문이 Web3.0의 시작점이다.

Web3는 기술적 혁명이기 이전에 철학적 반성이다. 그것은 '인터넷의 주권을 인간에게 되돌리자'는 선언이다. 정보, 가치, 신뢰가 중앙의 서버가 아니라 네트워크 자체에서 자율적으로 운영되는 구조—바로 그것이 Web3.0의 근본정신이다.

아멕스지가 본 한계와 기회

아멕스지는 이러한 문제의식에서 출발했다. 인터넷이 인간을 통제하는 도구가 아니라, 인간의 자유를 확장하는 기술이 되려면 철학이 먼저 바로 서야 했다.

아멕스지는 Web3의 철학을 현실로 구현하기 위해 비즈오토 메인넷(BizAuto MainNet)이라는 새로운 블록체인 구조를 설계했다. 이는 단순히 중앙집중형 시스템의 대안이 아니라, 효율성과 분산의 균형을 추구한 '지속 가능한 탈중앙화 모델'이다.

아멕스지가 추구한 것은 '기술이 인간을 이끄는 시대'가 아니라 '철학이 기술을 이끄는 시대'이다. 그 첫걸음이 바로 Web3 생태계의 기초가 되는 비즈오토(BizAuto) 플랫폼의 탄생이었다.

2
Web3.0의 철학
— 데이터 주권은 사용자에게

본 절은 데이터 주권(Data Sovereignty)과 인간 중심의 Web3 철학을 핵심 주제로 다룬다.

데이터 주권은 개인이 자신의 데이터에 대한 소유권과 통제권을 갖는다는 철학에서 출발하며, Web3는 이를 통해 인터넷 권력의 재분배를 실현한다.

탈중앙화는 단순한 기술이 아니라 자유와 책임의 분산이라는 철학적 의미를 지니며, 신뢰는 제3자가 아닌 코드와 합의로 구현된다.

아멕스지(AMAXG)는 인간 중심의 Web3를 지향하며, 비즈오토(BizAuto MainNet)와 AI-ZIO의 PoKC 구조를 통해 데이터 가치의 실현과 인간의 기여에 대한 보상을 구현한다. 궁극적으로 본 절은 Web3를 인간이 주체로 복귀하는, 새로운 디지털 문명의 철학적 전환점으로 설명한다.

데이터 주권의 개념과 탄생

데이터 주권은 개인이 자신의 데이터에 대한 소유권과 통제권을 갖는다는 철학에서 출발한다. 과거 인터넷의 흐름은 정보 접근의 자유를 확장했지만, 데이터의 소유는 오히려 소수의 거대 플랫폼으로 집중되었다.

Web3의 철학은 이러한 구조적 불균형을 바로잡는 데 있다. 데이터는 더이상 기업의 자산이 아니라, 사용자의 자산이다. 개인의 정보, 지식, 콘텐츠, 창작물, 거래 기록은 모두 그 자체의 가치로서 인정받아야 한다.

인터넷과 권력의 재분배

Web3는 단순히 기술의 혁신이 아니라 권력의 재편이다. 중앙 서버가 통제하던 신뢰의 체계가 블록체인이라는 분산 네트워크로 이동함으로써, 정보의 흐름과 가치의 배분이 다시 개인에게 돌아간다.

이전의 인터넷은 '플랫폼이 사용자 위에 존재하는 구조'였다면, Web3는 '사용자가 플랫폼 위에 존재하는 구조'로 전환된다.

즉, 권력이 코드 안으로, 그리고 네트워크의 합의로 이동한다.

탈중앙화의 철학적 의미

탈중앙화(Decentralization)는 단순히 서버를 분산하는 기술적 개념이 아니다. 그것은 인간의 자유와 자율성에 대한 철학적 선언이다.

Web3에서의 탈중앙화는 통제의 해체가 아니라 '책임의 분산'이다. 권력이 분산될수록 책임 또한 분산되어야 한다. 이는 신뢰를 기술이 아니라 사람들의 합의로 유지한다는 새로운 사회계약의 모델이다.

신뢰의 재정의―코드가 법이 되는 사회

Web3 사회에서 신뢰는 더이상 제3자 기관이나 중앙 서버에 의존하지 않는다. 신뢰는 코드로 구현되고, 알고리즘으로 보증된다. 'Code is Law'라는 개념은 법적 구속력을 기술적 합의로 대체하는 혁신적 사고이다.

스마트 컨트랙트(Smart Contract)는 인간의 약속을 자동화된 코드로 전환하여, 거래의 신뢰를 보장한다. 중개자 없이도 투명하게 자동으로 실행되는 이 시스템은 인간 사회의 신뢰를 기술적으로 확장한 것이다.

아멕스지가 정의하는 인간 중심의 Web3 철학

아멕스지는 기술 중심이 아닌 인간 중심의 Web3를 추구한다. 기술은 인간을 통제하는 수단이 아니라 인간의 가치를 증명하는 도구여야 한다는 것이다.

아멕스지의 모든 Web3 플랫폼은 이러한 철학적 기반 위에 설계되었다. 비즈오토 메인넷(BizAuto MainNet)은 단순한 블록체인 인프라가 아니라, 인간의 지식·창의·경제 활동을 온전히 존중하는 '디지털 자아의 토대'이다.

데이터 소유에서 데이터 가치로

Web3의 진정한 의미는 데이터 소유권을 넘어 데이터 가치의 실현에 있다. 개인의 활동, 참여, 창작은 모두 블록체인상에서 증명되고 보상된다.

AI-ZIO의 PoKC(Proof of Knowledge Contribution) 구조는 바로 그것을 구현하는 철학의 실체이다. 인간의 지식 활동이 블록체인에 기록되고, 그 기여가 토큰으로 환산되는 생태계는 Web3 철학의 구현이자, 인간 경제의 새로운 질서이다.

인간이 중심이 되는 디지털 문명

Web3의 철학은 기술이 아니라 인간에 관한 이야기다. 그것은 디지털 문명에서 인간이 주체로 복귀하는 과정이다.

데이터 주권은 단순한 권리가 아니라, 새로운 형태의 인간 존엄이다. 인간의 존재가 데이터로 확장되고, 그 데이터가 경제적 가치로 환원되는 사회에서, 우리는 기술을 통해 다시 '사람'을 바라보게 된다.

아멕스지는 기술에 대한 철학적 여정의 설계자로서, Web3 시대에 인간 중심의 패러다임을 실현하기 위한 실질적 해답을 제시하고자 한다.

3
BizAuto MainNet의
탄생 배경

본 절은 산업 구조의 변화와 비즈오토 메인넷(BizAuto MainNet)의 탄생 배경을 중심으로 다룬다.

4차 산업혁명에도 불구하고 산업 현장은 여전히 데이터 단절과 중앙집중 구조에 갇혀 있었다. 이 한계를 극복하기 위해 아멕스지는 기술 철학의 전환, 즉 탈중앙화와 사용자 주권을 기반으로 한 Web3 질서를 제안했다.

그 결과 DPoS(Delegated Proof of Stake, 위임지분증명) 합의 구조를 적용한 BizAuto MainNet이 구축되어 효율성과 분산을 동시에 실현했다. 이 메인넷은 디지털 경제의 개방형 인프라로서, Web3 생태계의 지속 가능한 발전을 위한 출발점이 되었다.

산업의 변화와 문제의식

4차 산업혁명이라는 단어가 일상에 등장했지만, 실제 산업 현장은 여전히 데이터의 단절과 중앙집중 구조의 벽에 갇혀 있었다. 기업들은 효율성을 명분으로 시스템을 폐쇄적으로 운영했고, 사용자 데이터는 기업의 자산으로만 인식되었다.

이로 인해 개인은 디지털 사회의 생산자이자 소비자임에도 불구하고, 자신의 데이터로부터 아무런 권리도 얻지 못했다. 산업 간 데이터 교류는 제한되었고, 디지털 경제는 확장되지 못한 채 플랫폼의 독점 속에 머물렀다.

새로운 기술 패러다임의 필요성

이러한 한계를 극복하기 위해서는 단순한 시스템의 교체가 아니라, 기술 철학의 변화가 필요했다. Web3는 바로 그 철학의 전환점이었다.

탈중앙화와 투명성, 그리고 사용자 주권이 결합된 기술 구조를 통해, 경제와 데이터의 흐름을 다시 인간 중심으로 돌려놓는 새로운 질서가 필요했다. BizAuto MainNet은 바로 이러한 문제의식에서 탄생한 해답이었다.

아멕스지의 도전과 실험

아멕스지는 2020년, 기존 블록체인의 기술적 한계를 극복하고자 독자적인 합의 알고리즘과 구조를 설계하기 시작했다. 당시 대부분의 블록체인은 처리 속도, 에너지 효율, 확장성의 문제를 안고 있었다.

아멕스지는 효율성과 신뢰성을 동시에 확보하기 위해 DPoS(Delegated Proof of Stake)를 기반으로 한 BizAuto MainNet을 구축하였다. 이 메인넷은 단순한 트랜잭션 처리 네트워크가 아니라, Web3 생태계를 위한 토대였다.

BizAuto MainNet의 철학적 토대

BizAuto MainNet의 중심에는 '데이터의 자율적 흐름'이라는 철학이 자리하고 있다. 모든 데이터는 하나의 기업이나 기관이 아닌, 네트워크 참여자 전체의 합의에 따라 기록되고 검증된다.

이 구조는 신뢰를 중앙이 아닌 시스템의 설계 속에서 확보하며, 기술의 본질을 '공동의 약속'으로 되돌린다. 즉, BizAuto MainNet은 기술적 시스템이면서 동시에 사회적 계약의 형태를 띤다.

디지털 경제의 인프라로서의 비전

BizAuto MainNet은 단순한 블록체인이 아니다. 그것은 디지털 경제의 공공 인프라로 설계된 시스템이다. 누구나 참여할 수 있고, 누구도 독점할 수 없는 구조를 통해, 진정한 의미의 개방형 경제 생태계를 구현한다.

이 메인넷은 Web3 플랫폼들이 상호작용할 수 있는 기반이 되었으며, 아멕스지의 AI-ZIO, BIZA-CarnegieMall, BIZA-UVIT, BIZA-Metaversity, BIZA-MetaWorld, BIZA-INApp, BizaPAY Wallet 등 모든 프로젝트의 뿌리가 되었다.

지속 가능한 생태계를 향한 첫걸음

아멕스지가 BizAuto MainNet을 통해 이루고자 한 것은 단순한 기술 혁신이 아니라 '지속 가능한 블록체인 사회'였다. 탈중앙화의 이상과 실질적 비즈니스 모델을 결합하여, 인간 중심의 기술 문명을 설계하고자 했다.

BizAuto MainNet의 출범은 Web3 시대의 철학이 현실로 구현되는 첫 번째 사례였으며, 이는 아멕스지가 오늘날 글로벌 Web3 혁신 기업으로 성장하는 출발점이 되었다.

4
AutoXML 기술과
DPoS 합의 알고리즘

본 절은 AutoXML과 DPoS의 결합을 통한 BizAuto MainNet의 기술적 혁신을 중심으로 다룬다.

블록체인의 기존 PoW(Proof-of-work) 구조가 가진 속도와 효율성의 한계를 극복하기 위해, 아멕스지는 AutoXML과 DPoS를 결합한 새로운 구조를 설계했다.

AutoXML은 데이터를 자동으로 구조화하고 상호운용성을 확보하는 지능형 데이터 표준화 기술로, 다양한 산업과 Web3 플랫폼에 적용된다. DPoS는 빠른 거래 처리와 에너지 효율을 갖춘 합의 알고리즘으로, BizAuto MainNet의 핵심 운영 구조를 형성한다. 이 두 기술의 융합은 단순한 기술 발전을 넘어 신뢰를 코드와 데이터의 진실성으로 구현한 인간 중심 Web3 철학의 실현을 의미한다.

기술적 진화의 배경

블록체인은 분산된 환경에서 신뢰를 보장하는 혁신적인 기술이지만, 그 초기 구조는 속도와 효율성 면에서 한계를 드러냈다. 비트코인과 이더리움의 PoW(Proof of Work) 기반의 합의 방식은 보안성과 탈중앙화 측면에서 강력했으나, 에너지 낭비와 낮은 트랜잭션 처리 속도라는 문제를 안고 있었다.

아멕스지는 블록체인을 '현실 산업이 사용할 수 있는 기술'로 발전시키기 위해, 효율성과 신뢰성을 동시에 확보할 수 있는 새로운 구조를 탐색했다. 그 결과로 등장한 것이 바로 AutoXML과 DPoS(Delegated Proof of Stake)의 결합이었다.

AutoXML 기술의 개념

AutoXML은 3K Software의 김영근 회장이 개발한 차세대 XML 자동 생성 엔진으로, 복잡한 프로그래밍 없이도 데이터를 구조화된 XML 문서로 변환할 수 있게 해주는 기술이다. 사용자가 웹 브라우저 기반의 폼 인터페이스를 통해 문서를 작성하면, 시스템이 이를 자동으로 XML 형태로 생성하고 저장·검색·공유할 수 있도록 지원한다.

이 기술은 정형 데이터(엑셀, 데이터베이스 등)뿐 아니라 비정형 데이터(PDF, 이미지, 영상 등)까지도 자동으로 메타데이터화하여 통합 관리할 수 있다는 점에서 특징적이다. 특히 블록체인, 빅데이터, 인공지능(AI), 사물인터넷(IoT) 등 4차 산업혁명 핵심 기술과 연동될 수 있는 구조를 지향한다. 이러한 기술적 기반 덕분에 공공기관, 금융권, 제조업, 헬스케어 등 다양한 산업 분야에서 데이터 표준화와 시스템 통합 솔루션으로 적용된 사례가 있다.

전반적으로 AutoXML은 데이터를 자동으로 구조화하고, 다양한 플랫폼 간 호환성을 확보하며, 보안성과 효율성을 동시에 구현하려는 "데이터 자동화·표준화 플랫폼"으로 평가된다.

AutoXML의 산업적 적용

AutoXML 기술은 Web3 플랫폼의 다양한 영역에서 데이터 표준화 및 자동화 혁신의 핵심 기술로 적용될 수 있다.

예를 들어, 금융과 보험 분야, 공공 행정과 의료 및 바이오 분야, 제조와 물류 산업, 에너지와 통신 산업, 부동산과 교통 분야에서도 산업 간 데이터를 연결하고 신뢰를 설계하는 디지털 혁신의 기반 기술로 자리매김하고 있다.

특히, 전자상거래 및 교육 분야에서는 학습 데이터와 거래 정보를 구조화해 맞춤형 AI 서비스와 자동 결제 연동을 구현했으며, 법률과 미디어 산업에서는 계약서와 메타데이터를 표준화해 저작권 관리 및 전자계약 검증을 자동화했다.

이처럼 AutoXML은 Web3 생태계의 기반 언어로 기능하며, 각 플랫폼 간 데이터 상호운용성을 보장한다.

DPoS 합의 알고리즘의 특징

DPoS(Delegated Proof of Stake)는 기존의 PoW나 PoS보다 빠르고 효율적인 합의 메커니즘이다. 일정 수의 대표 노드가 블록 생성과 검증을 담당함으로써, 거래 속도를 대폭 향상시키면서도 네트워크의 신뢰성을 유지한다.

BizAuto MainNet은 DPoS 구조를 채택함으로써 초당 수천 건의 트랜잭션을 처리할 수 있으며, 전송 수수료가 없고 에너지 사용을 최소화하면서도 보안성과 탈중앙화를 유지하는 균형 잡힌 시스템을 구축했다.

AutoXML과 DPoS의 융합

아멕스지가 설계한 혁신은 AutoXML의 '지능형 데이터 구조화'와 DPoS의 '효율적 합의'가 결합된 구조에 있다. AutoXML은 블록체인의 데이터 처리 방식을 개선하고, DPoS는 네트워크 운영의 속도와 확장성을 보장한다.

AutoXML은 BizAuto MainNet에서 데이터의 자동 구조화와 블록체인상의 효율적 처리 방식을 가능하게 한다. 기존의 블록체인이 단순히 트랜잭션 데이터를 기록하는 수준이었다면, AutoXML은 각 데이터의 관계와 의미를 함께 저장함으로써 '이해 가능한 데이터'를 생성한다.

이 기술은 단순한 데이터 블록을 넘어, 상호 참조 가능한 구조적 데이터 생태계를 만든다. 즉, BizAuto MainNet은 데이터를 단순히 기록하는 플랫폼이 아니라, 데이터가 스스로 설명하고 연결되는 '지능형 블록체인 구조'를 구현한다. 이 결합은 Web3 플랫폼의 핵심 요구인 '투명성, 효율성, 보안성'을 동시에 만족시키며, BizAuto 생태계 전반의 기술적 통합을 가능하게 한다.

기술을 넘어선 철학적 의미

AutoXML과 DPoS의 결합은 단순한 기술 혁신이 아니라, '신뢰의 철학'을 구현한 구조이다. 신뢰는 중앙의 명령이 아니라 코드와 데이터의 진실성에서 비롯된다.

BizAuto MainNet은 바로 이 철학을 바탕으로, 인간 중심의 기술 생태계를 지향한다. 기술이 인간을 대체하는 것이 아니라, 인간의 의도를 투명하게 기록하고 증명하는 시스템 — 그것이 아멕스지가 구현한 Web3 철학의 기술적 표현이다.

5
아멕스지의 창업정신과 '지속 가능한 블록체인'

본 절은 아멕스지의 창업 철학과 인간 중심 Web3 비전을 핵심 주제로 다룬다.

아멕스지는 기술보다 철학이 기술의 방향을 결정해야 한다는 신념에서 출발했으며, 자율성·투명성·신뢰를 인간의 가치로 재정의했다.

BizAuto MainNet은 단순한 거래 시스템이 아니라, 지속 가능한 블록체인 생태계를 실현하기 위한 구조로 설계되었다. 모든 플랫폼은 인간 중심의 설계를 기반으로 사용자가 생태계의 주체로 활동할 수 있도록 하며, DAO(Decentralized Autonomous Organization) 거버넌스를 통해 윤리적 책임을 강조한다.

결국 아멕스지는 "기술이 아닌 철학이 문명을 바꾼다"는 믿음 아래, 철학이 기술을 이끄는 Web3 혁신 기업으로 자리매김하고자 한다.

창업의 철학적 기반

아멕스지의 출발점에는 기술이 아닌 철학이 있었다. 창업자는 기술을 통해 인간의 삶을 바꾸는 것이 아니라, 인간의 철학이 기술의 방향을 결정해야 한다는 신념을 가지고 있었다.

Web3의 핵심 가치인 '자율성, 투명성, 신뢰'는 단지 기술의 언어가 아니라, 인간이 추구해 온 보편적 가치였다. 아멕스지는 이 가치를 기술로 구현함으로써 새로운 형태의 디지털 문명을 설계하고자 했다.

지속 가능한 혁신의 원칙

아멕스지는 단기적인 이익보다 장기적인 기술 생태계의 지속가능성을 추구한다. 블록체인 산업의 많은 프로젝트가 단기적인 투자 수익에 집중할 때, 아멕스지는 '기술의 사회적 책임'을 먼저 고려했다.

BizAuto MainNet의 구조는 단순한 거래 기록이 아니라, 생태계 전체가 스스로 성장할 수 있도록 설계되었다. 이는 '지속 가능한 블록체인(Sustainable Blockchain)'의 개념으로, 기술이 인간과 사회의 성장과 함께 발전해야 한다는 철학을 담고 있다.

인간 중심 기술의 실현

아멕스지의 모든 플랫폼은 인간 중심 설계(Human-Centered Design)의 원칙을 기반으로 만들어졌다. 기술의 효율성과 확장성보다 중요한 것은, 사용자가 기술을 통해 더 많은 자유를 경험할 수 있느냐는 것이다.

AI-ZIO, BIZA-CarnegieMall, BIZA-UVIT, BIZA-Metaversity, BIZA-MetaWorld 등 아멕스지의 Web3 플랫폼은 사용자들이 단순한 참여자가 아니라 '생태계의 주체'로서 활동할 수 있는 구조를 갖추고 있다. 이는 기술을 통한 인간의 복권(復權)을 의미한다.

책임 있는 기술 개발과 거버넌스

아멕스지는 블록체인 기술이 사회적 신뢰의 기반이 되기 위해서는 '책임 있는 거버넌스'가 필요하다고 보았다. 기술의 투명성은 거버넌스의 투명성으로 이어져야 하며, 그 과정에 인간의 윤리가 반드시 포함되어야 한다.

이를 위해 아멕스지는 DAO(Decentralized Autonomous Organization) 개념을 실질적으로 구현할 수 있는 구조를 연구하고 있다. 이는 블록체인의 자율성과 인간의 윤리가 결합된 새로운 형태의 기술 철학이다.

철학이 기술을 이끄는 기업

아멕스지는 기술 중심의 기업이 아니라 철학 중심의 기업이다. 모든 프로젝트의 출발점에는 '왜 이 기술이 필요한가?'라는 질문이 존재한다. 답은 단순하다. 기술은 인간을 위한 것이어야 한다.

Web3 시대의 경쟁은 단순히 속도나 성능이 아니라, 철학의 깊이에서 결정될 것이다. 아멕스지는 기술을 넘어 철학을 전파하는 기업으로서, Web3 혁명을 설계하는 이정표를 세워가고 있다.

"기술은 인간을 바꾸지 않는다. 철학이 기술을, 그리고 사람이 문명을 바꾼다."

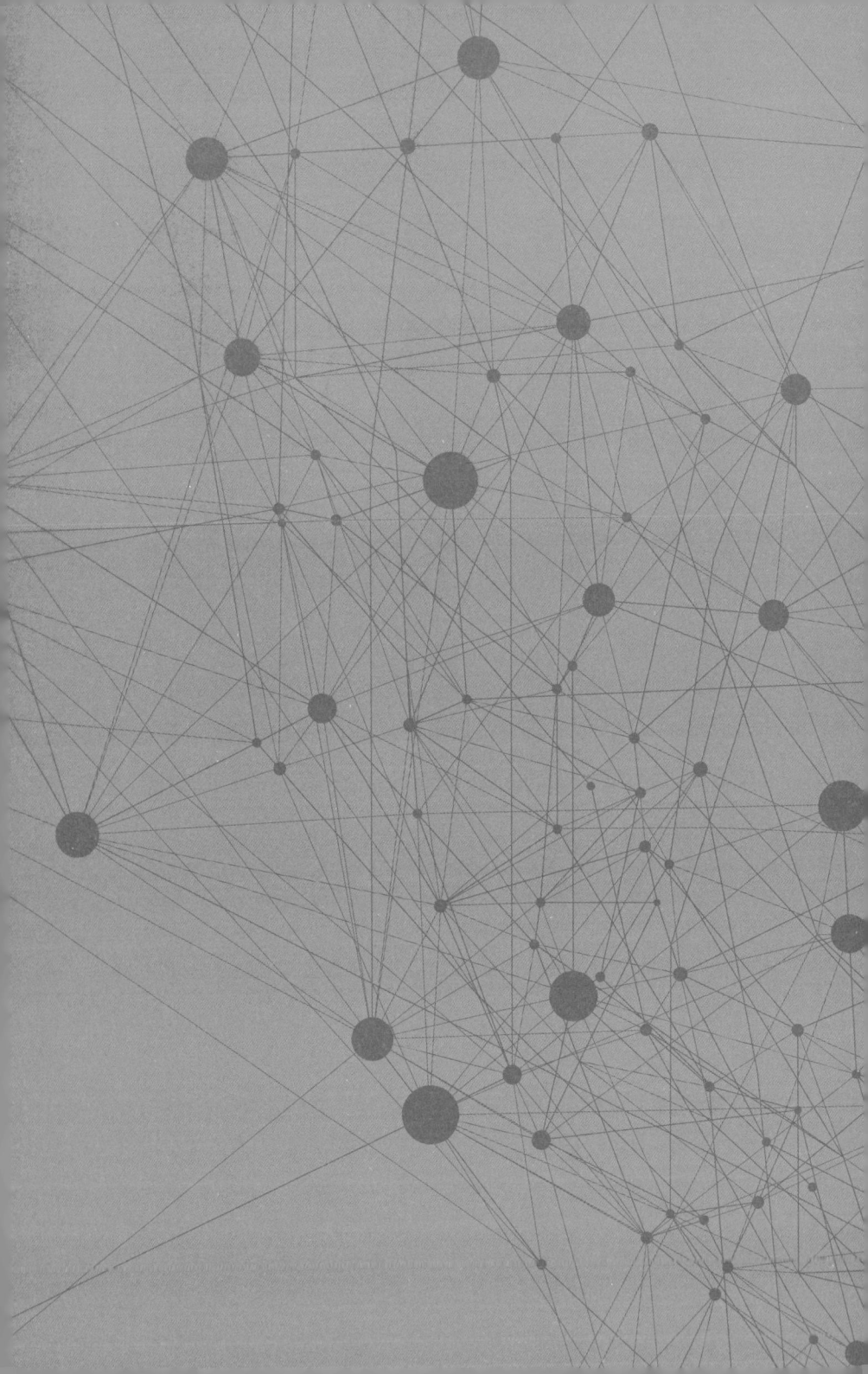

2장
BizAuto MainNet의 구조와 핵심 기술

1
BizAuto MainNet의 설계 철학

본 절은 BizAuto MainNet의 설계 철학을 중심으로 설명한다.

아멕스지는 블록체인을 단순한 기술이 아니라 인간의 신뢰를 기술로 구현한 사회 시스템으로 정의했다.

메인넷은 효율성과 탈중앙화의 균형을 이루며, DPoS 구조로 빠른 처리와 분산 참여를 동시에 실현했다. 또한 경제적 자율 순환 구조(Economic Auto Circulation)를 통해 장기적이고 지속 가능한 생태계를 구축했다.

결국 BizAuto MainNet은 '기술은 인간을 위해 존재한다'는 철학을 구현한, 인간 중심 Web3 기술의 대표적 모델이다.

기술 이전에 철학이 있었다

BizAuto MainNet의 출발은 기술이 아니라 철학이었다. 아멕스지는 블록체인을 단순한 분산 원장 기술이 아니라, 인간의 신뢰를 기술로 구현하는 새로운 사회 시스템으로 인식했다.

중앙집중화된 데이터 구조가 효율성을 제공하더라도, 그 안에서 인간은 통제의 객체로 전락할 수 있다. 따라서 아멕스지는 기술이 인간을 통제하지 않고, 인간의 자유를 확장하는 도구로 작동해야 한다는 철학적 전제를 세웠다.

이 철학은 'Web3는 기술이 아닌 인간의 권리 회복 운동이다'라는 명제로 요약된다. BizAuto MainNet은 이 철학을 구조화한 첫 번째 설계도였다.

인간 중심 설계(Human-Centered Design)

아멕스지는 BizAuto MainNet을 설계하면서 가장 먼저 고려한 요소로 'Human-Centered Design'을 들었다. 기술의 기능보다 중요한 것은 사용자가 느끼는 자유와 주권이다.

따라서 메인넷의 구조는 복잡한 암호 구조나 전문 개발자만 접근할 수 있는 시스템이 아니라, 일반 사용자와 기업이 쉽게 참여하고 확장할 수 있는 형태로 설계되었다. 기술의 민주화를 실현하는 것이야말로 Web3 철학의 핵심이었다.

효율성과 분산의 균형

BizAuto MainNet의 가장 큰 설계 목표는 '효율성과 분산의 공존'이었다. 대부분의 블록체인은 탈중앙화의 이상을 추구하다가 효율성을 잃거나, 효율성을 확보하려다 탈중앙화의 가치를 훼손했다.

아멕스지는 DPoS 합의 구조를 채택하여, 빠른 트랜잭션 처리와 탈중앙화의 원칙을 동시에 구현하였다. 이 구조는 신뢰할 수 있는 대표자(Delegate)에 의해 합의가 이루어지며, 네트워크 참여자는 누구나 검증에 참여할 수 있다. 이는 효율과 분산이 공존하는 '현실적 탈중앙화' 모델이다.

지속 가능한 생태계 구축

BizAuto MainNet은 단발적인 기술이 아니라, 장기적으로 유지 가능한 생태계를 목표로 한다. 이를 위해 '경제적 자율 순환 구조(Economic Auto Circulation)'를 도입하였다.

이 구조는 네트워크 활동에 따른 보상과 수수료가 시스템 내부에서 순환되도록 설계되어, 생태계의 지속가능성을 보장한다. 즉, BizAuto MainNet은 블록체인 자체가 살아 움직이는 경제적 생명체와 같은 구조를 갖는다.

철학적 신뢰의 기술적 구현

아멕스지는 기술을 통해 '신뢰'를 구조화하는 것을 목표로 했다. 신뢰는 단순한 인간 감정이 아니라, 시스템이 설계하는 질서다.

BizAuto MainNet은 데이터의 위변조를 불가능하게 함으로써 기술적 신뢰를 확보하고, 합의 알고리즘을 통해 사회적 신뢰를 재현한다. 특히, 양자컴퓨터 시대에 발생할 수 있는 블록데이터의 위변조 위험을 방어하기 위해 '양자 난수 발생기(Quantum Random Number Generator, QRNG)' 기술을 도입하였다.

이 기술은 예측 불가능한 양자 확률을 기반으로 난수를 생성하여, 암호 키와 트랜잭션 서명의 보안성을 근본적으로 강화한다. 기술은 신뢰의 대체재가 아니라, 신뢰의 증명 도구로 존재한다. 이것이 아멕스지가 추구한 블록체인의 철학적 의미다.

인간을 위한 기술의 길

BizAuto MainNet의 설계 철학은 결국 한 문장으로 요약된다. '기술은 인간을 위해 존재해야 한다.'

아멕스지는 기술적 완성도보다 인간 중심의 가치를 우선시하며, 기술이 사회적 신뢰와 경제적 평등을 확장하는 방향으로 작동하도록 설계하였다.

이것이 바로 BizAuto MainNet이 다른 블록체인과 구분되는 가장 본질적인 이유이며, Web3 시대의 지속 가능한 기술 패러다임의 핵심이다.

2
BizAuto MainNet의 계층적 구조(5 Layer System)

본 절은 BizAuto MainNet의 5 Layer System 구조와 철학적 의미를 중심으로 다룬다.

BizAuto MainNet은 복잡한 블록체인 네트워크를 애플리케이션(Application), 프록시(Proxy), 플러그인(Plugin), 불록체인(Blockchain), 세이프티(Safety)의 5계층으로 구분해 안정성과 확장성을 동시에 확보했다. 각 계층은 독립적으로 작동하면서도 상호 연동되어, 사용자 친화성·데이터 무결성·보안·확장성을 균형 있게 구현한다.

특히 DPoS 기반의 블록체인 레이어(Blockchain Layer)가 데이터의 의미적 구조화와 신뢰의 핵심 역할을 수행한다. 결국 이 구조는 기술적 설계를 넘어, '신뢰를 위한 인간 중심의 기술 철학'

을 구체화한 Web3 생태계 모델로 제시된다.

BizAuto MainNet의 구조적 접근

BizAuto MainNet은 복잡한 블록체인 네트워크를 단일 구조로 단순화하지 않고, 목적에 따라 다섯 개의 계층(Layer)으로 구분하여 설계되었다. 각 계층은 독립적으로 작동하지만 서로 긴밀히 연결되어 있으며, 이로 인해 높은 안정성과 확장성을 동시에 확보한다.

이 '5 Layer System'은 Application Layer, Proxy Layer, Plugin Layer, Blockchain Layer, 그리고 Safety Layer로 구성된다. 각각의 레이어(Layer)는 기술적 기능뿐 아니라, 철학적 역할을 가지고 있다. 즉, 단순한 기술 구조가 아니라 인간 중심 신뢰 구조의 구현체이다.

Application Layer – 사용자와 기술의 접점

Application Layer는 사용자가 직접 접하는 인터페이스 계층이다. Web3 플랫폼과 DApp, 지갑, NFT 갤러리, 교육 서비스 등 모든 응용 프로그램이 이 층을 통해 작동한다.

이 계층은 사용성과 접근성을 최우선으로 하며, 기술의 복잡성을 사용자가 느끼지 않도록 설계되었다. 아멕스지는 이 레이어를 통해 Web2 사용자가 Web3 생태계로 자연스럽게 이동할 수 있는 브릿지를 제공한다. 인간 친화적 UX가 바로 기술 철학의 실현이다.

Proxy Layer – 데이터와 트랜잭션의 중계자

Proxy Layer는 Application Layer와 Blockchain Layer 사이의 중간 허브 역할을 한다. 이 계층은 트랜잭션을 최적화하고, 데이터의 무결성을 검증하며, 불필요한 연산을 줄여 전체 네트워크의 효율을 높인다.

또한, Proxy Layer는 보안 게이트웨이로 작동하여 외부 공격으로부터 메인 블록체인을 보호한다. 데이터가 블록체인에 기록되기 전에 Proxy Layer를 통해 정제되고 검증되므로, BizAuto MainNet은 일반 블록체인보다 훨씬 안정적인 구조를 가진다.

Plugin Layer – 기능 확장의 중심

Plugin Layer는 BizAuto 시스템의 확장성과 유연성을 담당한다. 이 계층을 통해 다양한 산업과 서비스가 메인넷에 맞춤형으로 연결될 수 있다. 예를 들어, BIZA-INApp 결제모듈, NFT 거래엔진, DID 인증시스템, KYC 모듈 등이 Plugin Layer를 통해 독립적으로 통합된다. 이 구조는 새로운 산업이 추가되더라도 기존 메인넷의 안정성을 해치지 않고 확장할 수 있는 장점이 있다. 즉, Plugin Layer는 '모듈형 Web3 생태계'의 핵심이다.

Blockchain Layer – 신뢰의 근간

Blockchain Layer는 BizAuto MainNet의 심장부이다. 이 계층은 모든 데이터의 검증과 합의가 이루어지는 영역으로, DPoS 합의 알고리즘이 작동한다.

여기서 중요한 점은, BizAuto MainNet은 단순한 블록 기록이 아니라 '의미 있는 데이터 구조'를 생성한다는 것이다. 모든 트랜잭션은 구조화되어, 네트워크 전체에서 데이터는 이해가 가능하고, 검색 가능한 상태로 저장된다.

Safety Layer – 보안과 신뢰의 마지막 방어선

Safety Layer는 시스템의 보안, 복구, 데이터 무결성을 담당한다. 이 계층은 블록체인 외부와 내부의 공격, 노드 오류, 시스템 장애에 대비하여 다중 백업과 암호화 절차를 수행한다. 또한 Safety Layer는 AI 기반의 위협 탐지 시스템을 통해 비정상적인 활동을 감시하며, 문제 발생 시 자동으로 복원 프로세스를 가동한다. 이를 통해 BizAuto MainNet은 Web3 환경에서도 은행 수준의 안정성을 확보한다.

계층 간 상호작용 - 통합된 신뢰 구조

5 Layer System은 각 계층이 독립적으로 작동하지만, 서로 유기적으로 연결되어 하나의 완전한 네트워크 신뢰 구조를 형성한다. Application Layer의 사용자 활동은 Proxy Layer를 통해 안전하게 블록체인으로 전달되고, Plugin Layer에서 맞춤형 기능으로 확장된다.

이 모든 과정은 Safety Layer의 보안체계 안에서 이루어진다. 결과적으로 BizAuto MainNet은 기술적으로 분리된 구조이지만, 철학적으로는 하나의 유기체처럼 작동하는 신뢰 생태계이다.

기술 구조 속의 철학

BizAuto MainNet의 5 Layer System은 단순한 구조적 설계가 아니라, '신뢰를 설계한 구조'이다. 각 계층은 기술의 목적과 철학의 의미를 동시에 담고 있으며, 인간 중심 Web3 생태계를 위한 실질적 해답을 제시한다.

기술은 단순히 작동하기 위해 존재하는 것이 아니라, 인간의 가치와 자유를 보장하기 위해 존재한다. BizAuto MainNet의 계층 구조는 바로 그 철학을 구조화한 결과물이다.

3
DPoS 합의 구조의 구현 원리

본 절은 BizAuto MainNet의 DPoS(Delegated Proof of Stake) 합의 구조와 철학적 의미를 중심으로 다룬다.

초기 블록체인의 PoW·PoS 방식이 가진 한계를 극복하기 위해, BizAuto MainNet은 속도·효율·신뢰를 모두 충족하는 DPoS 구조를 채택했다.

DPoS는 토큰 보유자가 대표자(Delegate)를 선출하여 블록을 생성·검증하는 민주적이면서도 효율적인 합의 메커니즘이다. 아멕스지는 이를 발전시켜 신뢰지수와 활동 기여도 기반의 '기여 중심 민주주의 모델'로 설계했다.

또한 BizAuto MainNet은 모든 거래에서 전송 수수료(가스비)를 없앤 'Zero Gas Fee System'을 구축하여, 사용자가 부담 없이 블록체인 생태계에 참여할 수 있는 환경을 마련했다. 결국 BizAuto의 DPoS는 단순한 기술이 아니라, 신뢰의 분권화를 구현한 인간 중심 철학의 표현이다.

DPoS의 등장 배경

블록체인 기술의 진화는 합의 알고리즘의 발전과 함께 이루어졌다. 초창기 블록체인은 PoW(Proof of Work) 방식으로 운영되었으나, 이 방식은 에너지 소모가 과도하고 처리 속도가 느리다는 한계를 보였다. 이후 등장한 PoS(Proof of Stake)는 이러한 문제를 개선했지만, 여전히 확장성과 네트워크 효율성 측면에서 제약이 있었다.

아멕스지는 블록체인이 현실 산업에서 작동하기 위해서는 '속도, 효율성, 신뢰성'을 동시에 확보해야 한다고 판단했다. 이에 따라 BizAuto MainNet은 DPoS(Delegated Proof of Stake) 구조를 채택하고, 여기에 Zero Gas Fee 시스템을 결합하여 사용성과 접근성을 극대화했다.

DPoS의 기본 개념

DPoS는 위임지분증명(Delegated Proof of Stake)의 약자로, 토큰 보유자들이 네트워크의 검증자(Delegate)를 선출하여 블록 생성과 검증을 담당하게 하는 방식이다. 이러한 구조는 민주적이면서도 효율적인 합의 메커니즘을 제공한다.

사용자는 자신의 지분을 위임함으로써 네트워크 운영에 간접적으로 참여하고, Delegate는 네트워크의 신뢰를 대표하여 블록을 생성한다. 만약 Delegate가 부정행위를 저지를 경우, 다른 참여자들에 의해 즉시 교체될 수 있다. 이 구조는 신뢰와 효율의 균형을 유지하는 핵심 원리다.

BizAuto MainNet에서의 DPoS 적용 방식

BizAuto MainNet은 DPoS의 철학을 한 단계 발전시켜, 대표자 선출 및 블록 생성 과정을 더욱 정교하게 설계했다. 대표 노드(Delegate)는 단순히 투표에 의해 선출되는 것이 아니라, 일정 기간의 신뢰지수(Trust Index)와 활동 기여도(Activity Score)를 기준으로 평가된다.

이를 통해 시스템은 단순히 지분이 많은 참여자보다 실제 네트워크 기여도가 높은 참여자를 우선적으로 선출하게 된다. 즉, BizAuto의 DPoS 구조는 단순한 경제적 투표를 넘어선 '기여 기반 민주주의 모델'이다.

합의 프로세스의 구조

BizAuto MainNet의 합의 과정은 크게 3단계로 이루어진다.

① 대표자 후보 등록 - 네트워크 참여자가 일정 기준을 충족하면 Delegate 후보로 등록된다.

② 투표 및 신뢰지수 산정 - 토큰 보유자들이 후보자에게 투표하며, 이때 시스템은 후보자의 신뢰지수와 과거 활동 이력을 자동 계산한다.

③ 블록 생성 및 검증 - 선출된 Delegate가 블록을 생성하고, 다른 Delegate들이 이를 검증하여 블록체인에 기록한다.

이 과정은 모두 자동화된 스마트 컨트랙트에 의해 수행되며, 사람의 개입 없이 공정성과 투명성을 보장한다. 또한 거래 시 발생하는 가스비가 존재하지 않아, 모든 참여자가 비용 부담 없이 네트워크에 기여할 수 있다.

DPoS 구조의 장점

BizAuto MainNet의 DPoS 구조는 다음과 같은 강점을 가진다.

- 빠른 처리 속도 - 초당 수천 건의 트랜잭션을 처리할 수 있는 고속 합의 구조.
- 낮은 에너지 소비 - PoW 대비 에너지 소모가 99% 이상

절감.
- 민주적 참여 구조 - 누구나 Delegate로 참여할 수 있는 개방형 시스템.
- 실시간 교체 가능성 - 부정행위 발생 시 즉각적인 Delegate 교체.
- Zero Gas Fee 운영 - 사용자 거래 수수료 부담을 완전히 제거한 구조.

이러한 장점 덕분에 BizAuto MainNet은 Web3 실생활 응용에 적합한 고효율 합의 네트워크를 구현했다.

DPoS와 신뢰 철학의 결합

아멕스지는 DPoS를 단순한 기술로 보지 않았다. 그것은 '신뢰의 분권화'를 가능하게 하는 철학적 메커니즘이었다. 신뢰는 더이상 중앙 기관에 의해 부여되지 않고, 참여자들의 합의에 의해 형성된다.

이 구조는 인간 사회의 민주적 가치와 기술적 효율성을 결합한 새로운 형태의 사회적 계약 시스템이라 할 수 있다. BizAuto MainNet의 DPoS는 단순한 합의 알고리즘이 아니라, 인간 중심 네트워크의 철학적 구현이다.

효율성과 철학의 공존

BizAuto MainNet의 DPoS 구조는 기술과 철학이 하나로 융합된 결과물이다. 효율성과 탈중앙화의 조화를 통해, 블록체인은 단순한 기술을 넘어 신뢰의 새로운 문화를 만든다.

특히 Zero Gas Fee와 기여 중심 DPoS 구조의 결합은 Web3 참여의 장벽을 완전히 없애며, 누구나 공정하게 네트워크의 일원이 될 수 있는 환경을 조성한다.

이 시스템은 빠른 속도와 투명한 거버넌스를 통해 Web3 생태계의 표준이 될 수 있으며, 인간 중심 기술의 방향성을 제시한다. DPoS는 결국 기술이 아니라 신뢰와 자유를 설계한 철학이다.

4
AutoXML의 데이터 구조화 원리

본 절은 BizAuto MainNet의 설계 철학을 중심으로 한다.

아멕스지는 블록체인을 단순한 기술이 아니라 인간의 신뢰를 기술로 구현한 사회 시스템으로 정의했다. 메인넷은 효율성과 탈중앙화의 균형을 이루며, DPoS 구조로 빠른 처리와 분산 참여를 동시에 실현했다.

또한 경제적 자율 순환 구조(Economic Auto Circulation)를 통해 장기적이고 지속 가능한 생태계를 구축했다. 결국 BizAuto MainNet은 '기술은 인간을 위해 존재한다'는 철학을 구현한, 인간 중심 Web3 기술의 대표적 모델이다.

AutoXML의 등장 배경

데이터는 Web3 시대의 핵심 자산이다. 그러나 대부분의 블록체인은 단순한 트랜잭션 기록 시스템에 머무르고 있어, 데이터 간의 관계를 이해하거나 가공하기 어렵다는 한계를 가지고 있었다.

아멕스지는 이러한 한계를 극복하기 위해 'AutoXML(Auto Extensible Markup Language)'을 활용하였다. 이는 단순한 데이터 저장 기술이 아니라, 데이터의 의미적 구조화를 통해 인간 중심의 정보 생태계를 만드는 기술이다.

AutoXML의 기본 개념

AutoXML은 전통적인 XML 구조를 확장하여 블록체인 네트워크 내에서 자동으로 데이터의 구조와 속성을 정의하고, 관계를 맺는 기술이다.

이 시스템은 각 트랜잭션이 단순히 데이터의 집합이 아니라, 의미를 가진 객체(Entity)로 기록되도록 설계되었다. 예를 들어, 상품 거래, 계약, 지불 등 각각의 데이터는 독립된 노드로서 존재하며, 서로 연결되어 새로운 의미망(Semantic Network)을 형성한다.

데이터의 자율 구조화 과정

AutoXML은 블록체인상의 데이터를 자동으로 구조화하기 위해 3단계 과정을 거친다.

① 데이터 식별(Identification) - 입력된 정보의 유형을 자동 인식한다.

② 속성 정의(Definition) - 해당 데이터의 필드와 속성을 XML 형태로 규정한다.

③ 관계 설정(Relation Mapping) - 관련 데이터와의 관계를 자동으로 연결한다.

이 과정을 통해 네트워크는 데이터를 단순히 저장하는 것이 아니라, 이해하고 재구성할 수 있는 능력을 갖게 된다.

BizAuto MainNet과의 통합

AutoXML은 BizAuto MainNet과의 융합 기술 중 하나로, 모든 트랜잭션이 AutoXML 구조에 의해 자동 태깅(Auto-tagging)된다.

이로 인해 블록체인에 저장된 데이터는 구조적 일관성을 유지하며, 특정 플랫폼(BIZA-CarnegieMall, BIZA-UVIT 등)에서 쉽게 검색·활용될 수 있다.

산업별 적용 사례

AutoXML은 산업 전반에 걸쳐 다양한 응용 가능성을 가진다.

- 전자상거래 - 상품, 주문, 결제 데이터를 자동 구조화하여 스마트계약과 연동.
- 교육 플랫폼 - 학습 이력과 성과를 구조화하여 탈중앙 학습 증명(DLP) 구현.
- 바이오 플랫폼 - 제품 이력과 인증정보를 AutoXML로 관리하여 신뢰성 강화.
- NFT 거래 - 디지털 자산의 메타데이터를 표준화하여 상호운용성 확보.

이처럼 AutoXML은 모든 산업의 데이터 언어를 통합하는 역할을 수행한다.

AutoXML의 기술적 장점

- 데이터 상호운용성 - 다양한 플랫폼 간의 데이터 교환 표준화.
- 검색 효율성 - 데이터 의미를 기반으로 빠른 인덱싱 및 탐색 가능.
- 보안성 - 구조화된 데이터 단위별 암호화 처리로 위변조

방지.
- 확장성 - 산업별 데이터 표준을 추가 정의할 수 있는 유연한 구조.

AutoXML은 단순한 기술이 아니라, Web3 시대의 데이터 언어를 설계하는 철학적 시도이다.

데이터에서 의미로

AutoXML은 데이터의 단순 저장을 넘어, '의미의 네트워크'를 구축하는 기술이다. 이는 인간 중심 Web3 생태계의 근간이 되는 기술이며, 데이터가 스스로 구조화되고 학습하는 시대를 여는 출발점이다.

BizAuto MainNet은 AutoXML을 통해 기술적 효율성과 인간 중심의 의미구조를 동시에 구현하였다. 결국 AutoXML은 Web3의 언어이며, AI와 블록체인의 융합을 가능하게 만드는 근본 언어다.

5
Smart Contract 및 BizAuto Token 시스템

본 절은 비즈오토 스마트 컨트랙트(BizAuto Smart Contract)와 비즈 오토 토큰(BizAuto Token) 시스템의 구조와 철학적 의미를 중심으로 다룬다.

아멕스지는 기존의 스마트 컨트랙트의 복잡성을 해결하기 위해, AutoXML 기반의 사용자 친화형 스마트 컨트랙트를 설계하였다. 비즈오토 토큰(BizAuto Token)은 메인넷의 핵심 유틸리티 코인으로, 거래·보상·결제·스테이킹이 순환되는 자율적 경제 구조를 형성한다.

비자페이 월렛(BizaPAY Wallet, 간편결제 지갑)은 이러한 토큰 생태계의 중심 허브로서 지갑·결제·보상 기능을 통합한 Web3 실생활 연결 플랫폼 역할을 한다. 결국 BizAuto의 스마트 컨트랙트와 토큰 시스템은 '신뢰의 자동화'를 통해 인간 중심의 자율적 Web3 경제를 구현하는 철학적 기술로 제시된다.

스마트 컨트랙트의 개념과 진화

스마트 컨트랙트(Smart Contract)는 블록체인 기술의 핵심 응용 중 하나로, 중개자 없이 계약을 자동으로 실행할 수 있도록 하는 프로토콜이다. 그러나 기존의 스마트 컨트랙트는 복잡한 코드 기반으로 운영되어 일반 사용자가 직접 다루기 어렵다는 한계가 있었다.

아멕스지는 이러한 한계를 극복하기 위해 '사용자 친화형 스마트 컨트랙트'를 설계하였다. BizAuto MainNet은 단순히 코드를 실행하는 플랫폼이 아니라, 계약의 논리와 신뢰를 기술로 구조화하는 시스템이다.

BizAuto Smart Contract의 특징

BizAuto Smart Contract는 다음과 같은 특징을 갖는다.

- AutoXML 기반 구조화: 계약 조건과 실행 절차가 AutoXML 언어로 기록되어, 계약의 의미를 시스템이 이해할 수 있다.
- 모듈형 설계(Modular Design): 산업별 요구에 맞게 계약 모듈을 추가하거나 수정 가능하다.

- 실시간 실행 및 모니터링: 거래 발생 시 즉시 조건 검증 및 자동 실행.
- 비코드(Non-Coding) 인터페이스: 일반 사용자도 시각적 인터페이스를 통해 계약을 작성할 수 있다.

이러한 설계는 블록체인의 복잡성을 사용자 친화적으로 단순화하면서, Web3 생태계의 상호운용성을 강화한다.

BizAuto Token 시스템 개요

BizAuto Token은 BizAuto MainNet의 핵심 유틸리티 코인으로, 생태계 내의 모든 거래와 보상 메커니즘의 중심에 위치한다.

토큰은 스마트 컨트랙트 실행, 플랫폼 결제, DApp 사용료, 네트워크 수수료 등 다양한 용도로 사용되며, 생태계 내에서 순환 구조를 형성한다. 이러한 순환 구조는 네트워크의 자율적 성장과 지속가능성을 보장한다.

토큰 발행 및 분배 구조

BizAuto Token은 투명한 발행 및 분배 구조를 갖춘다.
- 총발행량: 고정 발행량 모델로 희소성 확보.
- 배분 구조: 생태계 보상, 운영 리저브, 파트너십 및 제

휴, 기술 개발, 커뮤니티 DAO(Decentralized Autonomous Organization) 등.
- 스테이킹 및 보상 메커니즘: Wallet에 코인을 보유한 사용자는 일정 조건 충족 시 복리 이율 기반의 보상을 자동 수령한다.

특히 BIZA-DeFi(탈중앙 금융) 구조는 재단이 직접 코인을 보유하지 않고, 지갑 내 보유량을 기준으로 조건부 보상을 지급하는 안전하고 규제 친화적인 모델이다.

스마트 컨트랙트와 BizAuto Token의 상호작용

스마트 컨트랙트는 BizAuto Token을 매개로 플랫폼 간 자동 거래를 수행한다. 예를 들어, BIZA-CarnegieMall에서 상품을 구매할 때 결제는 스마트 컨트랙트에 의해 자동 처리되며, 거래 완료 시 토큰이 판매자에게 즉시 이전된다.

이 구조는 거래의 신뢰성과 속도를 극대화하며, Web3 생태계 내의 모든 플랫폼이 동일한 신뢰 메커니즘으로 작동하도록 보장한다.

BizAuto Token과 BizaPAY Wallet의 연동

BizaPAY Wallet은 단순한 지갑이 아니라 BizAuto Token의 실시간 관리 허브이다. 사용자는 토큰을 보관하고 결제할 뿐 아니라, 스테이킹, 교환, 보상 수령까지 모든 기능을 하나의 환경에서 수행할 수 있다.

특히 BizaPAY Wallet은 다양한 플랫폼(BIZA-CarnegieMall 등)과 직접 연결되어 있어, 인앱 결제와 자산 이동이 원클릭으로 가능하다. 이는 Web3 기술을 일상 경제로 확장시키는 실질적 연결고리이다.

철학적 의미 – 신뢰의 자동화

BizAuto Smart Contract와 Token 시스템은 단순히 거래를 자동화하는 기술이 아니다. 그것은 인간의 신뢰를 기술적으로 증명하는 체계이며, '신뢰의 자동화(Automation of Trust)'를 구현하는 도구이다.

중앙 권위 없이도 신뢰가 유지되는 사회, 약속이 기술적으로 보장되는 세계—이것이 아멕스지가 Web3를 통해 실현하고자 하는 새로운 문명의 형태이다.

자율적 경제 생태계의 완성

BizAuto의 Smart Contract 및 Token 시스템은 Web3 경제의 근간이다. 이 구조를 통해 인간의 의사결정은 코드로, 신뢰는 데이터로, 경제는 자율적으로 작동하게 된다.

이는 단순한 기술적 진보를 넘어, 인간의 신뢰와 자유가 기술로 재구성된 새로운 경제철학의 탄생이다.

6
보안 및 Safety Layer 설계

본 절은 BizAuto MainNet의 핵심 보안 구조인 Safety Layer 의 개념과 역할을 중심으로 다룬다.

Safety Layer는 단순한 방어막이 아니라 AI 기반 위협 탐지·암호화 복원·분산 백업 시스템으로 구성된 자율 보안 계층이다. AI 엔진이 실시간으로 이상 거래를 감지하고, 암호화 복원 알고리즘이 데이터 무결성과 복원력을 보장한다.

또한 분산형 백업 구조와 로컬 키 보관 방식을 통해 사용자 프라이버시와 보안의 균형을 실현한다. 결국 Safety Layer는 '보안 없는 탈중앙화는 존재하지 않는다'는 철학을 구현한, Web3 신뢰의 최종 방패이자 기술적 양심이다.

Safety Layer의 필요성

블록체인은 본질적으로 안전한 기술로 인식되지만, 완전한 보안을 보장하지는 않는다. 네트워크 공격, 스마트 컨트랙트의 취약점, 데이터 위·변조 시도 등 다양한 위협이 상존한다.

아멕스지는 이러한 한계를 극복하기 위해 BizAuto MainNet에 독립적인 보안 계층인 'Safety Layer'를 설계했다. 이 계층은 단순한 방어막이 아니라, 시스템 전반의 신뢰를 유지하는 '자율 보안 시스템'이다.

Safety Layer의 핵심 개념

Safety Layer는 BizAuto MainNet의 마지막 방어선으로, 네트워크의 복원력(Resilience)과 무결성(Integrity)을 유지하기 위한 다중 보안 구조를 채택하고 있다.

이 계층은 AI 기반 위협 탐지, 암호화 복원 알고리즘, 분산 백업 시스템 등 세 가지 축으로 구성되어 있다. 이를 통해 외부 공격뿐 아니라 내부 오류에도 자율적으로 대응할 수 있다.

AI 기반의 위협 탐지 시스템

Safety Layer의 가장 혁신적인 요소는 인공지능 기반의 위협 탐지 엔진이다. 이 엔진은 블록체인 네트워크에서 발생하는 모든 트랜잭션을 실시간으로 모니터링하며, 비정상적인 패턴을 자동으로 감지한다.

예를 들어, 특정 노드에서 비정상적인 트래픽이 감지되면 AI는 이를 즉시 식별하고, 해당 노드를 격리시켜 네트워크 전체의 피해를 예방한다. 이러한 자동화된 보안 대응은 Web3 환경에서 필수적인 신뢰 기반을 제공한다.

암호화 복원 알고리즘

Safety Layer는 고도화된 암호화 복원 알고리즘을 사용하여 시스템 장애나 데이터 손실 발생 시 즉각적인 복원을 수행한다.

모든 데이터는 트랜잭션 단위로 다중 암호화되어 저장되며, 동일한 데이터의 해시값이 여러 노드에 분산 저장된다. 이를 통해 단일 노드 손실이나 공격에도 전체 네트워크의 데이터 무결성이 유지된다.

분산 백업 및 자가 복원 시스템

BizAuto MainNet의 Safety Layer는 중앙집중형 백업 시스템이 아닌, 분산형 복원 구조를 채택한다. 각 노드는 일정 주기마다 데이터 스냅샷을 생성하고, 이를 암호화된 형태로 다른 노드에 분산 저장한다.

만약 특정 노드가 손상되거나 해킹될 경우, 시스템은 자동으로 백업 데이터를 복원하여 해당 노드를 재구성한다. 이러한 구조는 인간의 개입 없이 자율 복원이 가능하도록 설계되었다.

보안과 사용자 프라이버시의 균형

Safety Layer는 단순한 방어 기능을 넘어, 사용자 프라이버시 보호를 핵심 가치로 삼는다. 모든 데이터는 암호화된 상태로 저장되며, 사용자의 개인키는 로컬 디바이스 내에만 존재한다.

이는 BizaPAY Wallet의 설계 원칙과 일치하며, 중앙 서버가 개인정보를 보유하지 않는 탈중앙형 보안 체계를 완성한다.

Safety Layer와 BizaPAY Wallet의 연동

BizaPAY Wallet은 Safety Layer와 직접 연동되어, 사용자의 자산 보호뿐 아니라 플랫폼 간 보안 검증을 수행한다.

예를 들어, 사용자가 BIZA-CarnegieMall에서 결제를 진행하면, Safety Layer는 거래 중간 단계에서 암호화 검증을 수행하여 위변조 가능성을 차단한다. 이러한 구조는 사용자 경험을 해치지 않으면서도 최고 수준의 보안을 제공한다.

신뢰의 기술적 완성

BizAuto MainNet의 Safety Layer는 기술적 신뢰의 마지막 단계이자, Web3 생태계의 핵심 방패다. AI와 블록체인의 결합을 통해 스스로 진단하고 복원하는 자율 보안 네트워크를 실현했다.

아멕스지는 '보안 없는 탈중앙화는 존재하지 않는다'는 철학 아래, Safety Layer를 단순한 기술이 아닌 신뢰의 구조로 설계하였다. 이 계층은 인간 중심 Web3 사회를 지탱하는 기술적 양심이라 할 수 있다.

7
BizAuto MainNet과 Web3 플랫폼의 연결성

본 절은 BizAuto MainNet이 Web3 생태계의 중심축으로 작동하는 구조와 철학을 다룬다.

BizAuto MainNet은 AI-ZIO, BIZA-CarnegieMall, BIZA-UVIT, BIZA-Metaversity, BIZA-MetaWorld, BIZA-INApp 등 모든 플랫폼을 연결하는 통합 신뢰 인프라로 기능한다. DPoS 합의 알고리즘을 기반으로, 플랫폼 간 완전한 데이터 상호운용성과 투명한 거래 구조를 구현한다.

특히 BizaPAY Wallet과 Safety Layer의 연동을 통해 보안·프라이버시·결제의 완전한 탈중앙화를 실현했다. 결국 BizAuto MainNet은 인간 중심의 분산 통합 생태계를 구축한 Web3 시대의 기술적·철학적 표준으로 자리한다.

BizAuto MainNet의 역할

BizAuto MainNet은 단순한 블록체인 네트워크를 넘어, Web3 생태계 전체를 연결하는 기술적 중심축이다. 아멕스지의 모든 플랫폼—AI-ZIO, BIZA-CarnegieMall, BIZA-UVIT, BIZA-Metaversity, BIZA-MetaWorld, BIZA-INApp 그리고 BizaPAY Wallet—은 BizAuto MainNet을 통해 상호작용하며, 통합된 신뢰 기반을 공유한다.

이 연결 구조는 단순한 API 연동을 넘어, DPoS 합의 알고리즘을 기반으로 이루어진다. 즉, BizAuto MainNet은 Web3 생태계의 '공용 신경망'이라 할 수 있다.

AI와의 연결성

AI는 BizAuto MainNet의 데이터를 활용하여 인공지능 기반의 의미 검색(Semantic Search)을 수행한다. 모든 데이터는 의미 단위로 저장되어 있기 때문에, AI는 단순 키워드가 아닌 '맥락'을 이해할 수 있다.

예를 들어, 사용자가 'Web3 기반 쇼핑의 신뢰 구조'를 검색하면, AI는 BIZA-CarnegieMall의 스마트 컨트랙트 데이터, BizaPAY Wallet의 결제 내역, BizAuto MainNet의 블록 검증 정보 등을 통합 분석하여 가장 신뢰도 높은 결과를 제공한다. 이는 AI와 블록체인의 완전한 융합을 의미한다.

BIZA-CarnegieMall과의 연동 구조

BIZA-CarnegieMall은 BizAuto MainNet 위에서 구동되는 세계 최초의 탈중앙 P2P 쇼핑 플랫폼이다. 제품 등록, 결제, 배송, 리뷰까지 모든 거래는 스마트 컨트랙트를 통해 자동 처리되며, 데이터는 BizAuto 블록체인에 기록된다.

또한, BIZA-CarnegieMall의 결제는 BIZA-INApp과 BizaPAY Wallet을 통해 처리되며, 모든 결제 기록은 BizAuto MainNet 상에서 투명하게 검증된다. 이를 통해 소비자와 판매자는 중앙 기관 없이도 완전한 신뢰 아래 거래할 수 있다.

BIZA-UVIT, BIZA-Metaversity, BIZA-MetaWorld의 데이터 통합

BizAuto MainNet은 NFT, 교육, 메타버스 등 다양한 Web3 서비스 간의 데이터 교류를 지원한다. 예를 들어 BIZA-UVIT에서 발행된 NFT가 BIZA-MetaWorld 내에서 자산으로 사용될 수 있다.

이 모든 과정은 구조화된 데이터 교환 표준을 따르기 때문에, 서로 다른 플랫폼 간에도 완벽한 상호운용성이 보장된다.

이러한 구조는 BizAuto MainNet이 단순한 네트워크를 넘어 'Web3 통합 프로토콜'임을 증명한다.

BIZA-INApp과 결제 연동성

BIZA-INApp은 Web2 환경에서도 가상자산 결제를 가능하게 하는 인앱 결제 솔루션이다. 이 시스템은 BizAuto MainNet과 직접 연결되어 있으며, 중앙 결제대행사 없이도 거래를 처리할 수 있다.

이를 통해 Web2 기반 기업들도 간단히 Web3 결제 인프라를 도입할 수 있으며, 모든 거래 내역은 블록체인에 기록되어 투명성과 보안성을 동시에 확보한다.

BIZA-INCAV와 실물경제 연결

BIZA-INCAV는 BIO 산업과 B2B·B2C 거래를 지원하는 하이브리드 플랫폼으로, 실물 유통의 디지털화를 실현한다. 제품의 생산, 유통, 판매 과정이 모두 디지털 자료로 기록되며, 각 거래의 진위 여부가 검증된다.

이 구조는 중앙집중형 유통망에서 발생할 수 있는 불공정 거래를 방지하며, 누구나 플랫폼 내에서 전 세계 판권 확보와 제품 유통이 가능하도록 한다.

BizaPAY Wallet과 BizAuto MainNet의 통합 보안 구조

BizaPAY Wallet은 BizAuto MainNet의 보안 계층(Safety Layer)과 직접 연결되어 있다. 사용자의 자산은 블록체인상에서 관리되며, BizaPAY Wallet의 개인키는 로컬 디바이스에만 저장된다.

이로써 사용자는 중앙 서버의 개입 없이도 안전하게 자산을 보관하고, 다양한 Web3 플랫폼에서 결제와 스테이킹을 수행할 수 있다. 이는 '보안과 자유'라는 두 가지 가치를 동시에 실현한 사례다.

Web3 생태계의 통합 철학

BizAuto MainNet이 Web3 플랫폼과 연결되는 구조는 단순한 기술적 연동이 아니라, 하나의 철학적 체계다. 각 플랫폼은 독립적으로 존재하지만, 신뢰와 데이터의 언어를 공유함으로써 '분산된 통합'을 실현한다.

이는 중앙집중형 플랫폼이 아닌, 인간 중심의 자율 생태계를 가능하게 하는 기술적 토대이며, BizAuto MainNet이 Web3 시대의 표준으로 자리 잡게 되는 이유다.

8
기술의 사회적 의미
— 신뢰의 설계

본 절은 BizAuto MainNet이 기술을 통해 사회의 신뢰 구조를 재설계하는 철학적 의미를 다룬다.

아멕스지는 단순한 네트워크 기술이 아니라, 'Proof of Trust' — 신뢰를 데이터로 증명하는 시스템을 구현하고자 했다. 스마트 컨트랙트, AutoXML, DPoS가 결합되어 신뢰를 코드와 합의로 구조화하는 인간 중심 Web3 모델을 완성한다.

BizAuto 생태계는 AI-ZIO, BIZA-CarnegieMall, BIZA-UVIT, BIZA-Metaversity, BIZA-MetaWorld, BIZA-INApp, BizaPAY Wallet 등을 통해 기술이 인간을 대체하지 않고 확장시키는 사회를 구현한다. 결국 BizAuto MainNet은 효율이 아닌 인간의 신뢰와 자유를 확장하는 Web3 시대의 철학적 기술 혁신을 제

시한다.

기술이 사회를 바꾸는 방식

BizAuto MainNet이 제시하는 기술 혁신의 본질은 단순히 빠르고 안전한 네트워크 구축이 아니다. 그것은 인간 사회의 신뢰를 기술적으로 재설계하는 시도이다.

Web3 시대의 블록체인은 정보의 비대칭을 해소하고, 신뢰의 중개자를 제거하며, 개인이 스스로의 데이터와 경제활동을 통제할 수 있는 환경을 제공한다. 이는 단순한 기술 진보가 아니라 사회 구조의 근본적 변화를 의미한다.

신뢰의 기술화 – 'Proof of Trust'의 개념

아멕스지가 BizAuto MainNet을 통해 실현하고자 하는 핵심 개념은 'Proof of Trust'이다. 이는 단순히 데이터를 기록하고 검증하는 기술이 아니라, 인간의 신뢰 행위를 코드로 구조화하는 철학이다.

스마트 컨트랙트는 약속을 보증하고, AutoXML은 의미를 보존하며, DPoS는 민주적 합의를 보장한다. 이 세 가지가 결합하여 신뢰는 더이상 추상적 감정이 아닌, 검증 가능한 데이터로 존재하게 된다.

Web3와 인간 중심 사회의 복원

중앙집중화된 시스템에서 인간은 수동적 존재로 남았지만, Web3는 인간을 다시 중심으로 되돌려 놓는다. BizAuto MainNet은 그 복원의 출발점이다.

AI-ZIO와 같은 인공지능 플랫폼이 인간의 지식을 평가하고 보상하며, BIZA-CarnegieMall이 인간 간 거래의 신뢰를 재구성하고, BizaPAY Wallet이 자율적 자산 통제를 가능하게 한다. 이 모든 흐름은 '기술이 인간을 대체하는 것이 아니라, 인간을 확장시키는 것'이라는 철학으로 귀결된다.

기술의 목적은 인간

BizAuto MainNet은 기술이 사회를 바꾸는 방법에 대한 새로운 정의를 제시한다. 기술은 효율을 위한 수단이 아니라, 인간의 신뢰와 자유를 확장하는 도구다.

아멕스지는 Web3 기술의 발전을 통해 사회의 신뢰 구조를 새롭게 설계하고, 그 위에 인간 중심의 디지털 문명을 세우려 한다. 이것이 바로 '신뢰의 설계'이며, Web3 시대의 기술이 향해야 할 철학적 방향이다.

3장
BizAuto Web3 툴즈
- 플랫폼의 엔진

1
Web3 Tools
개념과 역할

본 절은 BizAuto 생태계의 기술 엔진인 Web3 Tools의 구조와 철학을 중심으로 다룬다.

Web3 Tools는 BizAuto MainNet을 기반으로 하여 탈중앙화·자동화·보안성을 구현하며, 모든 플랫폼 간 연결성을 제공한다. 세 가지 레이어(DID·KYC 보안, Wallet·NFT 자산, Metaverse·INApp 응용)로 구성되어 표준화된 Web3 운영 프레임워크를 형성한다. AutoXML과 DPoS 기술을 통해 효율적이고 신뢰성 있는 DApp 개발·운영 환경을 지원한다.

결국 Web3 Tools는 BizAuto Web3 생태계의 '보이지 않는 혁신 엔진'으로, 데이터 주권과 인간 중심 철학을 실현하는 핵심 인프라이다.

Web3 Tools의 개요

Web3 Tools는 BizAuto 생태계의 기술적 엔진으로, 모든 플랫폼(AI-ZIO, BIZA-CarnegieMall, BIZA-UVIT, BIZA-Metaversity, BIZA-MetaWorld, BIZA-INApp, BizaPAY Wallet 등)이 원활하게 작동하도록 지원하는 핵심 인프라다.

이 툴 시스템은 BizAuto MainNet을 기반으로 하여 탈중앙화, 자동화, 보안성을 모두 구현하며, 각 플랫폼이 독립적으로 운영되면서도 상호 연결되는 구조를 가능하게 한다.

Web3 Tools의 철학 – '보이지 않는 혁신의 구조'

사용자가 보는 것은 쇼핑몰, NFT 갤러리, 검색 서비스지만, 그 이면에서 모든 데이터 이동, 거래, 인증, 결제는 Web3 Tools에 의해 관리된다. 즉, 툴은 보이지 않는 혁신의 구조이며, 플랫폼 간 '연결의 철학'을 구현한다.

아멕스지는 기술보다 '인간 중심 철학'을 우선시하며, 툴의 모든 구조는 데이터 주권과 이용자 신뢰를 중심으로 설계되어 있다.

툴 시스템의 계층적 구조

Web3 Tools는 기능에 따라 세 가지 레이어로 구분된다. 1

단계는 '신원 및 보안 레이어(DID, KYC, OTP)', 2단계는 '자산 및 거래 레이어(Wallet, NFT, Market)', 3단계는 '확장 및 응용 레이어 (Metaverse, INApp)'이다. 이러한 계층 구조는 모든 아멕스지 플랫폼의 표준 운영 프레임워크를 제공한다.

기술적 상호운용성 – BizAuto MainNet과의 통합

Web3 Tools는 BizAuto MainNet의 DPoS 합의 알고리즘과 AutoXML 기술을 기반으로 구축되어 있다. 각 툴은 모듈화되어 있으며, BizAuto의 스마트 컨트랙트 환경에서 즉시 실행 가능하다.

이는 BizAuto 생태계의 모든 DApp이 동일한 개발 표준을 공유하도록 만들어, 효율성과 보안성을 동시에 확보한다.

Web3 Tools의 역할과 산업적 의미

Web3 Tools는 BizAuto 생태계 내에서 단순한 기술 모듈을 넘어, 산업별 디지털 혁신의 기반으로 작동한다. 교육, 금융, 유통, 예술, 헬스케어 등 다양한 분야에서 Web3 Tools는 '데이터의 신뢰'와 '거래의 투명성'을 보장한다.

이러한 기술적 표준화는 향후 글로벌 Web3 산업의 기본 프레임워크로 발전할 것이다.

플랫폼의 엔진으로서의 Web3 Tools

Web3 Tools는 BizAuto Web3 생태계의 심장이다. 각 플랫폼의 표면적 성과 뒤에는, 안정적이고 신뢰할 수 있는 기술 엔진이 작동하고 있다. 이 장에서는 DID, Wallet, KYC, OTP, NFT, Market, Metaverse, INApp 등 각 Tool의 구조와 기능을 통해 BizAuto 생태계의 기술적 완성도를 구체적으로 살펴본다.

2
BIZA-DID Tool
― 탈중앙 신원인증의 표준

본 절은 BIZA-DID Tool의 구조와 철학, 그리고 Web3 신원 혁명에서의 역할을 중심으로 다룬다.

BIZA-DID Tool은 BizAuto MainNet 기반의 탈중앙 신원인증(Decentralized Identity) 기술로, 사용자가 자신의 신원을 직접 관리할 수 있게 한다. 모든 신원정보는 블록체인에 암호화 저장되고, 개인키는 로컬 디바이스에 보관되어 보안과 프라이버시를 동시에 보장한다.

또한 DID(Decentralized Identifier)는 DAO(Decentralized Autonomous Organization) 거버넌스와 연동되어 투명하고 신뢰성 있는 참여·투표 시스템을 가능하게 한다.

결국 BIZA-DID Tool은 '나의 신원은 나의 것이다'라는 데이터 주권 철학을 구현한 Web3 시대의 디지털 시민권 플랫폼이다.

BIZA-DID Tool의 개요

BIZA-DID Tool은 BizAuto Web3 생태계의 신원인증 핵심 모듈로, '탈중앙 신원인증(Decentralized Identity)' 개념을 현실화한 기술이다.

DID(Decentralized Identifier)는 개인의 신원정보를 중앙 서버가 아닌 블록체인에 암호화하여 저장하며, 사용자는 자신의 데이터에 대한 완전한 통제권을 가진다. 이 시스템은 '데이터 주권(Data Sovereignty)'의 철학을 구현하는 대표적 기술이다.

DID의 철학 – '나의 신원은 나의 것이다'

기존의 신원 시스템은 정부나 기관이 발급하고 관리하는 중앙집중형 구조였다. 그러나 Web3 시대에는 사용자가 자신의 신원을 스스로 증명하고 관리할 수 있어야 한다.

BIZA-DID Tool은 이러한 철학을 기술적으로 구현하여, 사용자의 개인정보가 중앙기관 없이도 검증 가능하도록 설계되었다. 즉, 신원정보는 개인의 지갑에 저장되고, 블록체인 네트워크가 그 진위를 보장한다.

기술 구조 – DID Document와 검증체계

BIZA-DID Tool은 W3C DID 표준을 기반으로 구축되었으며, 각 사용자는 블록체인상에서 DID Document를 생성한다. 이 문서는 공개키, 서비스 엔드포인트, 검증정보 등을 포함하며, 인증 요청 시 스마트 컨트랙트가 이를 검증한다. 이 과정은 탈중앙화된 네트워크를 통해 자동화되어, 제3자의 개입 없이도 신뢰할 수 있는 인증이 가능하다.

BIZA-DID Tool과 BizAuto MainNet의 통합

BIZA-DID Tool은 BizAuto MainNet의 DPoS 합의 알고리즘을 기반으로 구동된다. 밸리데이터(Validator) 노드들이 DID 데이터를 분산 저장하고, DID Document를 표준화된 형태로 처리한다. 이로써 BIZA-DID Tool은 높은 확장성과 상호운용성을 확보하며, Web3 생태계 전반에서 인증 표준으로 활용된다.

보안성과 프라이버시 보호

BIZA-DID Tool의 가장 큰 강점은 '보안과 프라이버시의 조화'다. 개인키는 로컬 디바이스에 저장되며, 중앙 서버에는 어떠한 개인정보도 보관되지 않는다. 또한, 사용자가 선택적으로 정보를 공개할 수 있는 'Selective Disclosure' 구조를 채택하여,

필요한 정보만을 인증기관이나 플랫폼에 공유할 수 있다. 이는 개인정보 노출을 최소화하면서도 완전한 신원 증명이 가능하도록 한다.

DID와 DAO의 연동 – 신원 기반 거버넌스

BIZA-DID Tool은 DAO(Decentralized Autonomous Organization) 거버넌스와도 연계된다. 사용자는 자신의 DID를 통해 DAO에 참여하며, 중복 계정이나 허위 신원 등록을 방지할 수 있다. 이는 투명하고 신뢰할 수 있는 Web3 거버넌스 운영을 가능하게 한다. 특히 ZIOW DAO에서는 DID 인증을 통해 투표 자격과 보상 수령 조건을 검증한다.

산업적 활용사례

BIZA-DID Tool은 금융, 교육, 의료, 전자상거래 등 다양한 산업에서 활용될 수 있다. 예를 들어, 금융기관은 DID 기반 KYC 인증을 통해 AML 규정을 준수할 수 있으며, 교육기관은 졸업증명서를 NFT-DID 형태로 발급하여 위조를 방지할 수 있다. 또한 전자상거래에서는 DID를 통한 실명인증과 지갑연동을 통해 신뢰 기반 거래를 실현할 수 있다.

Web3 신원 혁명의 출발점

BIZA-DID Tool은 BizAuto Web3 생태계에서 '신뢰의 근본'을 담당하는 기술이다. 이는 단순한 인증시스템이 아니라, 개인이 자신의 신원을 통제하는 새로운 사회적 패러다임을 제시한다. DID는 Web3 시대의 디지털 시민권이며, BIZA-DID Tool은 그 실질적 구현체다.

3
BIZA-Wallet Tool
— 다중 지갑 통합 모듈

본 절은 BIZA-Wallet Tool의 구조, 기능, 그리고 Web3 통합 생태계에서의 역할을 중심으로 다룬다.

BIZA-Wallet Tool은 이더리움(Ethereum), 폴리곤(Polygon), 비즈오토(BizAuto) 등 다중 블록체인 자산을 단일 인터페이스에서 관리할 수 있는 통합 지갑 모듈이다. Cross-Chain Transaction Layer를 통해 서로 다른 네트워크 간 자산 이동과 데이터 표준화를 자동화하며, DID·OTP·다중서명 구조로 최고 수준의 보안을 확보한다.

또한 BizaPAY Wallet, BIZA-INApp, BIZA-Defi 등과 연동되어 결제·스테이킹·보상 시스템을 자동화한다.

결국 BIZA-Wallet Tool은 Web3 자산관리의 글로벌 표준 인프라이자, BizAuto 생태계의 지갑 통합 엔진으로 기능한다.

BIZA-Wallet Tool의 개요

BIZA-Wallet Tool은 BizAuto Web3 생태계에서 지갑 서비스를 통합적으로 관리하기 위한 모듈이다. 이 도구는 다양한 블록체인 네트워크(Ethereum, Polygon, BizAuto 등)의 자산을 단일 환경에서 연동·관리할 수 있도록 지원한다.

BIZA-Wallet Tool은 BizaPAY Wallet, BIZA-INApp, BIZA-Defi 등과 직접 연결되어 사용자의 지갑 데이터를 안전하고 효율적으로 처리한다.

기술 구조와 설계 원리

BIZA-Wallet Tool은 각 지갑 간 상호운용성을 보장하는 인터페이스를 제공한다. 핵심은 Cross-Chain Transaction Layer로, 서로 다른 메인넷 간 자산 이동을 자동으로 처리하고 표준화된 데이터 포맷으로 교환한다. 또한 모든 거래와 지갑 데이터는 동일한 형식으로 기록·검증된다.

보안 아키텍처 – 개인키 보호와 다중 인증

BIZA-Wallet Tool은 사용자 개인키를 로컬 장치에서 암호화하여 저장하며, 서버에는 어떤 형태의 개인 데이터도 저장하지 않는다. OTP 인증, DID 기반 사용자 식별, 그리고 다중 서명 구조를 적용하여, 불법 접근 및 해킹을 원천적으로 차단한다. 이는 탈중앙성과 보안을 동시에 만족시키는 Web3 표준 구조다.

Cross-Chain 자산 관리 기능

BIZA-Wallet Tool의 가장 큰 특징은 다중 체인 자산을 한 인터페이스에서 관리할 수 있다는 점이다. 사용자는 비즈오토(BizAuto), 이더리움(Ethereum), 폴리곤(Polygon) 등 다양한 네트워크의 자산을 한 번에 조회·전송할 수 있으며, ZIOW, USDT, ETH 등의 주요 토큰을 자동으로 식별한다. 이 통합 구조는 사용자 경험을 극대화하며, Web3 플랫폼의 글로벌 확장을 가능하게 한다.

Web3 결제 및 DeFi 서비스

BIZA-Wallet Tool은 BIZA-INApp과 BizaPAY Wallet의 핵심 API로 작동한다. INApp 결제 시, BIZA-Wallet Tool은 사용자의 지갑 잔액을 실시간으로 확인하고, 스마트 컨트랙트를 실행하여 결제를 승인한다. 또한 BIZA-Defi 시스템에서는 BIZA-Wallet Tool을 통해 복리 이자 계산 및 보상이 자동 처리된다.

이는 '하나의 모듈로 모든 지갑과 금융 기능을 통합'하는 아멕스지의 기술 철학을 반영한다.

BIZA-Wallet Tool과 DID의 연계

BIZA-DID Tool과의 결합으로, 지갑 인증은 신원인증과 동시에 이루어진다. 이는 각 사용자의 지갑이 실제 개인의 DID에 귀속되도록 하여, DAO 투표나 BIZA-DeFi 참여 시 중복 계정을 방지한다. 이 구조는 '신원-지갑-거래'의 완전한 연동체계를 만들어, Web3 신뢰경제의 기반이 된다.

산업적 의미 – 글로벌 표준형 Web3 Wallet 인프라

BIZA-Wallet Tool은 기업과 개발자에게 Web3 서비스 구축을 위한 공통 인프라를 제공한다. 결제, NFT 거래, 메타버스 경제 등 다양한 산업군에서 BIZA-Wallet Tool은 지갑 연동의 표준으로 활용될 수 있다. 이는 아멕스지가 추구하는 '모든 Web3 플랫폼의 연결성(Interoperability)'을 실질적으로 구현하는 핵심 엔진이다.

Web3 지갑의 통합을 실현하다

BIZA-Wallet Tool은 Web3 시대의 복잡한 자산관리 문제를 단일 인터페이스로 해결하는 혁신적 기술이다. 다중 네트워크, 다중 토큰, 다중 인증의 구조를 하나로 묶어, 탈중앙화와 사용자 편의성을 동시에 만족시킨다. 이는 BizAuto Web3 생태계의 '지갑 표준화'를 완성하는 중요한 전환점이다.

4
BIZA-KYC Tool
— 신뢰와 규제의 균형

본 절은 BIZA-KYC Tool의 구조와 철학, 그리고 Web3 규제 대응 역할을 중심으로 다룬다.

BIZA-KYC Tool은 BizAuto MainNet 기반의 탈중앙 신원인증 시스템으로, 사용자가 자신의 신원 데이터를 직접 통제하면서도 AML 등 글로벌 규제를 충족한다. 모든 인증은 DID 연동·스마트 컨트랙트 자동 검증·멀티서명 구조를 통해 보안성과 무결성을 확보한다.

이 시스템은 금융·행정·교육 등 다양한 산업에서 합법성과 신뢰를 동시에 보장하는 Web3 인증 인프라로 활용된다. 결국 BIZA-KYC Tool은 "법적 신뢰 위의 자유"를 구현한 BizAuto Web3 생태계의 규제-자율 균형 모델이다.

BIZA-KYC Tool의 개요

BIZA-KYC Tool은 Web3 생태계에서 신원인증과 규제 준수를 동시에 달성하기 위해 설계된 아멕스지의 핵심 인증 모듈이다. KYC(Know Your Customer)는 사용자의 신원을 검증하여 AML(자금세탁방지) 규정을 충족시키는 절차로, Web3 환경에서도 합법적 거래와 신뢰 기반 참여를 보장한다.

BIZA-KYC Tool은 중앙화된 데이터베이스가 아닌 BizAuto MainNet의 블록체인 네트워크를 기반으로 운영되며, 사용자의 신원정보는 암호화된 DID 형태로 저장된다. 이를 통해 사용자는 자신의 신원 데이터를 직접 통제하면서도 규제 환경에 부합하는 Web3 활동을 수행할 수 있다.

기술 구조 - DID 기반의 분산 인증 시스템

BIZA-KYC Tool은 BIZA-DID Tool과 완전히 통합되어 작동한다. 사용자의 DID Document에는 신원인증 관련 데이터가 연결되며, 검증기관은 블록체인을 통해 그 진위를 자동 검증한다.

① 데이터 무결성: 신원정보는 해시값으로 저장되어 원본 노출이 불가능하다.
② 보안성 강화: 중앙서버 해킹 위험이 제거되며, 검증 절차는 스마트 컨트랙트에 의해 자동화된다.

③ 탈중앙 신원 증명: 제3기관 개입 없이 사용자의 DID로 신원 검증이 가능하다.

이 구조는 기존 KYC의 복잡한 수동 검증 절차를 대체하며, 신뢰할 수 있는 자동화 인증 시스템을 구현한다.

규제 대응 – AML 및 글로벌 기준 준수

BIZA-KYC Tool은 국제 자금세탁방지기구(FATF), G20, OECD 등 글로벌 AML 표준을 충족한다. 모든 거래 데이터는 익명화된 형태로 블록체인에 기록되며, 필요 시 규제기관의 요청에 따라 합법적 열람이 가능하다. 이를 통해 BizAuto 생태계의 Web3 서비스는 각국의 법적 테두리 안에서 운영되면서도, 개인 데이터 주권과 프라이버시 보호를 동시에 실현한다.

보안 기술 – 멀티서명과 해시 검증

BIZA-KYC Tool은 단일 키 인증의 취약점을 해결하기 위해 멀티서명 구조를 도입했다.

모든 인증 요청은 다음 세 가지 조건이 충족되어야 승인된다.

① 사용자 개인키.

② 시스템 검증키.

③ 시간 기반 해시 인증값.

이 구조는 피싱, 중간자 공격, 위조 서명 등 보안 위협을 근본적으로 차단하며, DeFi(Decentralized Finance, 탈중앙 금융), NFT, DAO 등 Web3 금융거래의 보안 표준을 수립한다.

산업적 활용사례

BIZA-KYC Tool은 금융, 결제, 교육, 헬스케어, 공공행정 등 다양한 산업에 적용될 수 있다.

① 금융기관: KYC API를 통해 Web3 기반의 금융서비스 확장.
② 정부기관: DID-KYC 기반 전자 행정 시스템 구축.
③ 교육기관: NFT-DID 졸업 인증 시스템으로 위조 방지.

이는 Web3 기술이 공공성과 합법성을 갖춘 디지털 사회 인프라로 진화할 수 있음을 보여준다.

철학적 의미 – 규제와 자유의 조화

BIZA-KYC Tool은 Web3가 지향하는 탈중앙성과 합법성의 균형을 구현한다. 이는 단순한 신원인증 시스템이 아니라, "법적 신뢰 위의 자유"를 가능하게 하는 기술적 토대다.

5
BIZA-OTP Tool
― 실시간 보안의 최종 방어선

본 절은 BIZA-OTP Tool의 구조와 보안 철학, 그리고 Web3 생태계에서의 역할을 중심으로 다룬다.

BIZA-OTP Tool은 BizAuto MainNet 기반의 자동화된 블록체인 인증 시스템으로, 거래·결제·DAO 투표 등 주요 활동의 보안을 강화한다. 시각 동기화(Time-Sync) 알고리즘을 통해 매번 새로운 일회용 비밀번호를 생성하며, 위조·세션 탈취를 원천 차단한다.

BIZA-OTP Tool은 모든 아멕스지 플랫폼에 통합되어 Web3 전반의 이중 인증 표준 인프라로 작동한다. 결국 BIZA-OTP Tool은 "보안이 곧 신뢰"라는 철학을 구현한 Web3 시대의 자율 보안 기술이다.

BIZA-OTP Tool의 개요

BIZA-OTP Tool은 BizAuto Web3 생태계 전반에서 실시간 거래 보안과 사용자 인증 강화를 담당하는 핵심 모듈이다. OTP(One Time Password)는 매 거래마다 새로 생성되는 일회용 비밀번호로서, 계정 접근·결제·DAO 투표 등 주요 행위의 보안성을 강화한다.

이 시스템은 BizAuto MainNet의 스마트 컨트랙트 환경에서 자동화되어 위조 및 세션 탈취 가능성을 원천 차단한다.

기술 구조 – 자동화된 블록체인 인증 알고리즘

BIZA-OTP Tool은 BizAuto MainNet의 DPoS 네트워크와 스마트 컨트랙트를 기반으로 OTP를 생성한다. OTP 생성 로직은 블록체인의 시각 동기화(Time-Sync)를 이용하여 임의값을 생성하며, 매번 새로운 키가 발급되기 때문에 재사용·복제가 불가능하다.

OTP는 사용자의 모바일·이메일·BizaPAY Wallet 등으로 전달되어, Web3 서비스 접근 시 이중 인증을 수행한다.

보안성과 신뢰성

BIZA-OTP Tool은 다음과 같은 보안 기능을 제공한다.

① 일회용 인증 코드로 세션 하이재킹 및 피싱 방지.
② 자동 만료 시간 설정으로 비정상 접근 차단.
③ 스마트 컨트랙트 기반의 자동 검증으로 위조 방지.
④ 멀티 채널 전송 구조로 OTP 유실 방지.

이를 통해 DeFi 거래, NFT 마켓 결제, DAO 투표 등 모든 Web3 트랜잭션의 신뢰성을 기술적으로 보장한다.

생태계 통합 구조

BIZA-OTP Tool은 BIZA-INApp, BizaPAY Wallet 등 모든 아멕스지 플랫폼의 보안 게이트웨이로 작동한다. 사용자는 한 번의 OTP 등록으로 모든 플랫폼에서 동일한 보안 수준을 유지하며, 거래 시 자동으로 OTP 검증 절차가 진행된다. 사용자 OTP 패턴을 분석해 맞춤형 보안 정책을 추천하기도 한다.

산업적 적용

BIZA-OTP Tool은 금융, 결제, 공공, 교육, 헬스케어 산업의 이중 인증 표준 모듈로 활용될 수 있다. 특히 DeFi(Decentralized Finance, 탈중앙 금융) 플랫폼이나 디지털 지갑 서비스에서 거래 단계별 자동 OTP 검증 시스템을 제공함으로써, Web3 금융 인프라의 보안 수준을 한 단계 끌어올린다.

철학적 의미 – 신뢰의 기술적 완성

BIZA-OTP Tool은 "보안이 곧 신뢰"라는 Web3 철학을 구현한 기술이다.

이는 단순히 비밀번호를 추가하는 기능이 아니라, 사용자 스스로 자신의 자산과 행위를 보호할 수 있도록 설계된 자율보안 시스템이다. 결국 BIZA-OTP Tool은 Web3의 핵심 가치인 '신뢰의 자율화(Autonomous Trust)'를 실현하는 마지막 기술적 방어선이다.

6
BIZA-NFT Tool
— 디지털 소유권의 혁신

본 절은 BIZA-NFT Tool의 기술 구조와 철학적 의미, 그리고 산업적 활용성을 중심으로 다룬다.

BIZA-NFT Tool은 디지털 자산의 생성·관리·거래를 블록체인으로 구현하는 BizAuto Web3 생태계의 핵심 엔진이다. AutoXML 기반의 민팅(Minting), 메타데이터 표준화, 스마트 컨트랙트 자동 거래, DID 연동 인증을 통해 위변조 없는 신뢰 구조를 구축한다.

예술·교육·부동산·의료 등 다양한 산업에서 디지털 소유권과 투명한 거래를 실현하며, AI 분석으로 자산 가치와 시장 트렌드를 관리한다. 결국 BIZA-NFT Tool은 "데이터는 개인의 자산이다"라는 철학을 실현하는 Web3 시대의 신뢰 경제 기반 기술이다.

BIZA-NFT Tool의 개요

BIZA-NFT Tool은 BizAuto Web3 생태계에서 디지털 자산의 생성, 인증, 관리, 거래를 담당하는 핵심 기술 엔진이다. NFT(Non-Fungible Token)는 블록체인상에서 자산의 고유성과 소유권을 증명하는 기술로, BIZA-NFT Tool은 이를 현실적인 서비스로 구현한다.

예술, 교육, 부동산, 헬스케어 등 다양한 산업에서 사용자가 자신의 디지털 콘텐츠를 직접 소유하고 거래할 수 있도록 설계되었다.

철학 – "디지털 소유의 실현"

NFT는 단순한 수집품이 아니라, 데이터에 소유권을 부여하는 기술적 철학이다.

BIZA-NFT Tool은 사용자의 창작물, 학습 이력, 계약서, 인증서 등 다양한 형태의 디지털 자산을 블록체인상에서 영구히 기록하고, 위조 불가능한 소유권 증거로 전환한다.

이는 "디지털 신뢰(Trust in Data)"를 구축하는 핵심이며, Web3 경제의 근간이 된다.

기술 구조 – NFT 발행과 관리 시스템

BIZA-NFT Tool은 BizAuto MainNet 환경에 최적화되어 있다.

① NFT 민팅(Minting): 사용자는 AutoXML 기반의 인터페이스를 통해 손쉽게 NFT를 생성할 수 있다.

② 메타데이터 저장: 자산의 속성 정보가 표준화된 형태로 기록되어 상호운용성을 보장한다.

③ 거래 및 추적: 모든 거래는 블록체인상의 스마트 컨트랙트로 자동 기록된다.

④ 소각(Burning): NFT를 폐기하거나 권한을 해제할 때도 자동으로 처리된다.

NFT 데이터의 구조화·표준화·검색성이 강화되었으며, 일반 사용자도 코딩 없이 NFT 발행이 가능한 사용자 친화형 시스템을 제공한다.

보안 및 진위 검증

BIZA-NFT Tool은 블록체인 해시 검증 구조를 통해 NFT의 위조를 방지한다. 각 NFT에는 고유 식별값(Token ID)과 트랜잭션 해시가 부여되어 위변조를 원천 차단한다.

DID 인증과 결합되어, NFT 제작자와 소유자의 신원이 블록체인상에서 투명하게 보증된다. 이를 통해 NFT 시장의 투명성을 확보하고, 신뢰 기반의 디지털 자산 거래를 실현한다.

산업적 활용사례

BIZA-NFT Tool은 다양한 산업에 실질적으로 적용될 수 있다.
① 예술: 창작자는 NFT를 통해 작품의 소유권과 로열티를 자동 분배.
② 교육: 기관은 수료증·졸업증명서를 NFT 형태로 발행하여 위조 방지.
③ 부동산: 계약서를 NFT로 발행하여 거래 투명성 확보.
④ 의료: 진단서 및 임상데이터를 NFT로 관리하여 의료정보 신뢰성 향상.

이처럼 NFT는 Web3 시대의 디지털 자산화 표준으로 자리매김하고 있다.

지능형 NFT 자산관리

NFT의 거래 이력과 시장 데이터를 실시간으로 분석하여, 가격 변동·시장 트렌드·자산 가치 평가를 제공한다. 이를 통해 사용자는 자신의 NFT 포트폴리오를 효율적으로 관리하고, 자산의 활용도와 수익성을 극대화할 수 있다.

AI와 블록체인의 융합은 "지능형 NFT 자산관리(Intelligent Asset Management)"의 출발점이다.

철학적 의미 – 신뢰 경제로의 진화

BIZA-NFT Tool은 디지털 자산의 소유·거래·활용을 블록체인으로 증명하는 신뢰 시스템이다. 이는 단순한 기술이 아니라, 인간의 창의와 소유권을 존중하는 Web3 철학의 구현이다. 즉, "데이터는 개인의 자산이며, 그 가치는 블록체인에서 증명된다."

7
BIZA-Metaverse Tool
— 디지털 자산의 공간화

본 절은 BIZA-Metaverse Tool의 기술 구조, 상호연동성, 그리고 Web3 시대의 경제적 의미를 중심으로 다룬다.

BIZA-Metaverse Tool은 NFT 자산을 가상공간에서 시각화·활용·경제화하는 플랫폼으로, BIZA-CarnegieMall, BIZA-UVIT, BIZA-MetaWorld 등과 통합되어 작동한다. Real-Time Asset Sync 기술을 통해 NFT 자산이 메타버스 공간에 즉시 반영되고, 결제는 BIZA-INApp과 연동되어 실시간 거래가 가능하다.

모든 거래는 BizAuto MainNet과 DID 인증 시스템으로 검증되어 현실 금융 수준의 신뢰성을 확보한다. 결국 BIZA-Metaverse Tool은 "소유에서 활용으로" 나아가는 Web3 시대의 가상경제 실현 기술로, 디지털 자산의 실질적 가치 창출을 가능하게 한다.

BIZA-Metaverse Tool의 개요

BIZA-Metaverse Tool은 NFT 자산을 가상공간에서 시각화·활용·경제화하기 위한 실시간 연동 플랫폼이다.

이 도구는 BIZA-CarnegieMall, BIZA-UVIT, BIZA-MetaWorld, BIZA-INApp 등 아멕스지의 주요 Web3 플랫폼과 연결되어, 디지털 자산이 '활용 가능한 경제적 실체'로 작동하도록 지원한다. 즉, NFT가 "소유의 증거"라면, BIZA-Metaverse Tool은 "활용의 무대"다.

기술 구조 - 가상자산의 실시간 반영

BIZA-Metaverse Tool은 BizAuto MainNet과 3D 엔진, NFT 표준 인터페이스를 통합하여 작동한다.

NFT로 발행된 모든 디지털 자산은 메타버스 내 공간에 즉시 반영되며, 사용자는 아바타, 예술품, 가상 토지, 브랜드 공간 등 다양한 형태로 자산을 전시·활용할 수 있다.

이 구조는 실시간 자산 동기화(Real-Time Asset Sync) 기능을 통해 Web3 서비스 간 자산 이동을 자동 처리하며, 메타버스와 NFT 시장이 하나의 경제 시스템으로 통합되는 기반을 제공한다.

상호연동 구조 – BIZA-UVIT과 메타버스의 결합

BIZA-Metaverse Tool은 BIZA-NFT Tool과 긴밀하게 연동되어 작동한다. BIZA-UVIT에서 발행된 NFT는 BIZA-MetaWorld 내 갤러리에 자동 전시된다.

거래는 BIZA-INApp 결제 시스템과 연동되어 실시간으로 처리된다. DID 인증이 결합되어, 가상공간 내 소유자 신원과 거래 이력이 완벽히 검증된다.

상호연동 구조 – BIZA-CarnegieMall과 메타버스의 결합

BIZA-Metaverse Tool은 BIZA-Market Tool과도 긴밀하게 연동되어 작동한다. BIZA-CarnegieMall에서 등록된 상품은 BIZA-MetaWorld 내 마켓에 자동 입점된다

거래는 BIZA-INApp 결제 시스템과 연동되어 실시간으로 처리된다. 가상의 공간에 실질적인 상거래가 가능한 것이다. 블록체인과 메타버스의 융합이 실현되는 시험적인 모델이다.

산업적 활용사례

BIZA-Metaverse Tool은 예술·교육·엔터테인먼트·브랜드 마케팅·부동산 등 다양한 분야에서 응용될 수 있다.

① 예술가: 가상 갤러리에서 자신의 NFT 작품 전시 및 실시

간 판매.

② 교육기관: 메타버스 강의 공간에서 NFT 인증 학습자료 제공.

③ 기업: 브랜드 홍보 공간을 구축하여 NFT 기반 제품 전시·체험.

④ 부동산: 실제 토지와 연동된 디지털 자산 매매 시각화.

이처럼 BIZA-Metaverse Tool은 "가상경제의 실물화"를 실현하는 핵심 기술이다.

보안 및 신뢰 구조

모든 가상자산의 이동·거래 기록은 BizAuto MainNet에 기록된다. 스마트 컨트랙트가 거래 조건을 자동 검증하며, DID 인증 시스템을 통해 소유권과 사용권을 이중으로 보호한다. 이를 통해 메타버스 내 거래 또한 현실 금융 수준의 신뢰성을 확보한다.

철학적 의미 – "소유에서 활용으로"

BIZA-Metaverse Tool은 Web3 시대의 새로운 경제적 전환점을 상징한다.

디지털 자산이 단순한 보유 대상에서 경험·교류·경제활동의 주체로 확장되는 것이다. 즉, "NFT가 디지털 소유를 증명한다면, Metaverse는 그 가치를 실현한다."

이 철학은 아멕스지가 추구하는 인간 중심 Web3 문명의 실질적 구현이며, 기술과 창의, 경제가 하나로 융합된 지속 가능한 디지털 생태계의 미래 모델을 제시한다.

8
BIZA-INApp Tool
— Web2 → Web3 브릿지 결제

본 절은 BIZA-INApp Tool의 구조, 기능, 보안체계, 산업적 확장성을 중심으로 다룬다.

BIZA-INApp Tool은 Web2 플랫폼을 Web3 결제 환경으로 전환시키는 브릿지 기술로, BizAuto MainNet 기반에서 작동하며 SDK·API 형태로 제공된다. 사용자는 익숙한 Web2 UX 안에서 결제하지만, 백엔드는 스마트 컨트랙트를 통해 블록체인상에서 자동 결제·기록·정산이 이루어진다.

또한 KYC·OTP·DID 인증을 통해 보안과 규제를 모두 충족하며, BizaPAY Wallet과 실시간 연동되어 다중 코인 결제를 지원한다.

결국 BIZA-INApp Tool은 Web2 기업이 손쉽게 Web3 결제

생태계로 진입하도록 돕는 글로벌 결제 혁신 플랫폼이다.

BIZA-INApp Tool의 개요

BIZA-INApp Tool은 Web2 플랫폼을 Web3 결제 환경으로 전환시키는 브릿지(Bridge)로서, 기존 앱과 웹 서비스가 손쉽게 가상자산 결제 기능을 통합할 수 있도록 지원한다.

이 도구는 아멕스지의 BizAuto MainNet을 기반으로 구축되었으며, Web2 사용자가 별도의 블록체인 지식 없이도 Web3 결제를 경험할 수 있는 구조를 제공한다.

기술 구조 - SDK와 API의 결합

BIZA-INApp Tool은 SDK(Software Development Kit)와 API(Application Programming Interface)로 구성되어 있다. SDK는 기존 앱 개발자가 간단한 코드 삽입만으로 가상자산 결제 기능을 구현할 수 있게 하며, API는 다양한 결제 시스템과 실시간 통신을 가능하게 한다.

이 시스템은 BIZA-CarnegieMall, BIZA-UVIT, BIZA-Metaversity, BIZA-MetaWorld, BizaPAY Wallet, BIZA-Defi와 자동 연동되어 결제, 정산, 보상까지 통합 관리된다.

결제 흐름 – Web2 UX, Web3 인프라

BIZA-INApp Tool은 사용자가 익숙한 Web2 환경(앱, 쇼핑몰, 웹사이트 등)에서 결제를 진행하되, 그 백엔드는 블록체인 네트워크에서 작동하도록 설계되었다. 사용자는 단순히 '결제하기' 버튼을 클릭하지만, 실제로는 스마트 컨트랙트가 트리거되어 가상자산 전송, 거래 기록, 영수증 발급이 블록체인에 자동 기록된다. 이로써 사용자는 복잡한 Web3 과정을 인식하지 않고도 탈중앙 결제를 체험할 수 있다.

보안과 규제 대응

BIZA-INApp Tool은 KYC/OTP 인증 절차를 내장하여, AML(자금세탁방지) 및 개인정보 보호 규정을 준수한다. 모든 결제 요청은 DID 인증을 거치며, OTP 코드가 포함된 스마트 컨트랙트 서명이 이루어진다. 이 시스템은 중앙서버가 사용자 자산을 보유하지 않기 때문에 해킹 위험이 낮고, 사용자 자산의 완전한 소유권을 보장한다.

BizaPAY Wallet과의 통합

BIZA-INApp Tool은 BizaPAY Wallet과 완벽하게 연동되어, 사용자는 Wallet 내 자산으로 즉시 결제할 수 있다. 결제 금액은 실시간으로 변환되며, Wallet 내에서 자동으로 영수증이 생성된다.

또한 Wallet에 보유한 코인(ZIOW, BIZA, ETH 등)을 선택적으로 사용할 수 있고, BIZA-Defi 보상금도 결제에 활용할 수 있는 구조를 지원한다.

Web2 기업을 위한 Web3 전환 솔루션

기존의 전자상거래 플랫폼, 콘텐츠 스트리밍 서비스, 교육 플랫폼 등은 BIZA-INApp Tool을 통해 손쉽게 Web3 결제 기능을 도입할 수 있다. 예를 들어, 쇼핑몰 운영자는 상품 구매 시 ZIOW나 BIZA 코인으로 결제할 수 있도록 기능을 추가할 수 있으며, 교육 플랫폼은 강의 수강료를 가상자산으로 받는 구조를 만들 수 있다. 이 툴은 'Web2 기업의 Web3 진입장벽'을 획기적으로 낮춘다.

글로벌 결제와 확장성

BIZA-INApp Tool은 비즈오토(BizAuto), 이더리움(Ethereum), 폴리곤(Polygon) 등 다중 네트워크 결제를 지원할 수 있으며, 전 세계 어디서든 동일한 결제 경험을 제공할 수 있다.

또한 스테이블코인 및 주요 결제 토큰과 호환되어, 환율 변동의 영향을 최소화한다. 향후에는 오프라인 결제 단말기(POS & Kiosk)와의 연동으로 실물경제와 Web3 경제를 완전하게 연결할 예정이다.

산업적 활용사례

BIZA-INApp Tool은 금융, 유통, 교육, 콘텐츠, 게임 등 다양한 산업에서 활용될 수 있다.

예를 들어, BIZA-CarnegieMall은 이 Tool을 기반으로 전 세계 사용자에게 가상자산 결제를 제공하며, AI-ZIO 검색 서비스는 사용자의 지식활동 보상을 Wallet을 통해 자동 결제 구조로 연결한다.

또한 NFT 마켓플레이스에서는 창작자가 NFT 판매 대금을 Web3 결제로 직접 수령할 수 있다.

Web3 결제 혁신의 다리

BIZA-INApp Tool은 Web2와 Web3의 경계를 허무는 기술적 다리다. 이는 단순한 결제 모듈이 아니라, 글로벌 상거래, 콘텐츠, 교육, 금융 산업이 Web3 경제로 전환되는 핵심 동력이다. BIZA-INApp은 '누구나 쉽게 Web3를 쓸 수 있는 세상'을 현실로 만드는 아멕스지의 실질적 구현체다.

9
BIZA-Market Tool
— P2P 유통을 지원하는 마켓 API

본 절은 BIZA-Market Tool의 기술 구조, P2P 거래 혁신, 플랫폼 연동, 보안·AI 분석 기능을 중심으로 다룬다.

BIZA-Market Tool은 중개자 없이 스마트 컨트랙트를 통해 거래·정산을 자동화하는 Web3 상거래 엔진이다. 상품 등록·결제·정산·평판 관리를 RESTful API 구조와 BizAuto MainNet으로 처리하여 투명성과 효율성을 극대화한다.

모든 거래는 DID·KYC·OTP 인증 및 AI 기반의 거래 분석 시스템으로 보호·검증되어 신뢰도 높은 유통 생태계를 형성한다.

결국 BIZA-Market Tool은 탈중앙 P2P 거래를 현실화해 Web3 유통의 투명성과 자율성을 구현한 핵심 모듈이다.

BIZA-Market Tool의 개요

BIZA-Market Tool은 Web3 환경에서 P2P(개인 간) 거래와 상품 유통을 지원하기 위해 설계된 핵심 모듈이다. 이 도구는 BIZA-CarnegieMall, BIZA-Metaversity, BIZA-MetaWorld, BIZA-INApp 등 다양한 플랫폼에서 상품 등록, 거래, 정산, 평판 관리 등 모든 상거래 과정을 자동화한다.

또한 중개자 없이 스마트 컨트랙트를 통해 거래가 체결되므로, 거래비용을 절감하고 투명성을 극대화한다.

기술 구조 – 스마트 컨트랙트 기반의 유통 API

BIZA-Market Tool은 스마트 컨트랙트(Smart Contract)를 기반으로 P2P 거래 로직을 자동 실행한다. 상품이 등록되면 고유의 토큰화 ID가 부여되고, 구매자가 결제하면 자동으로 계약이 체결된다. 상품 정보와 거래 기록이 블록체인에 표준화된 포맷으로 저장되며, BIZA-INApp 및 BizaPAY Wallet과 연동되어 즉시 결제 및 정산이 이루어진다.

P2P 거래의 혁신 – 탈중앙 상거래 모델

기존의 전자상거래는 플랫폼 사업자가 거래를 중개하고 수수료를 부과했지만, BIZA-Market Tool은 중개자가 존재하지 않는 탈중앙 구조를 구현한다. 판매자는 직접 상품을 등록하고, 구매자는 스마트 컨트랙트를 통해 거래를 진행한다. 이 과정에서 플랫폼은 단순히 거래 검증자(Validator) 역할만 수행하며, 모든 거래 데이터는 블록체인에 영구 기록된다.

BIZA-CarnegieMall과의 연동

BIZA-Market Tool은 BIZA-CarnegieMall의 핵심 모듈로서, 모든 상품 등록 및 거래 처리를 담당한다. 가맹점은 별도의 승인 절차 없이 상품을 등록할 수 있으며, 등록 즉시 전 세계 이용자가 구매 가능하다. 거래 완료 후 스마트 컨트랙트가 판매자와 구매자에게 자동으로 정산을 수행하며, 이 모든 과정은 블록체인에 의해 투명하게 관리된다.

BIZA-Metaversity와의 통합 - 교육 플랫폼의 혁신

BIZA-Metaversity는 탈중앙화 교육 플랫폼으로, BIZA-Market Tool을 통해 P2P 교육과 교육 콘텐츠의 거래가 동시에 진행된다. 플랫폼 내 교육기관과 교육자는 교육 콘텐츠를 등록하고, 이용자들은 시간과 공간을 넘어서 교육 콘텐츠를 자유롭게 이용할 수 있다. 이 모든 거래는 블록체인 기반으로 기록되어 교육환경의 신뢰성과 효율성을 극대화한다.

API 구성요소와 기능

BIZA-Market Tool은 RESTful 구조를 기반으로 다음과 같은 주요 API를 제공한다.

① 상품 등록 API: 상품 이름, 설명, 가격, 이미지 등을 AutoXML 포맷으로 등록.

② 거래 승인 API: 구매자가 결제 시 스마트 컨트랙트를 자동 실행.

③ 정산 및 보상 API: 결제 완료 후 판매자 Wallet으로 자동 정산.

④ 평판 관리 API: 거래 후 상호 평가를 기록하여 신뢰 점수 산출.

⑤ 거래 데이터 조회 API: 블록체인 탐색기를 통해 거래내역 실시간 확인 가능.

보안과 신뢰 시스템

BIZA-Market Tool은 거래의 모든 단계에서 DID 인증과 KYC/OTP 검증 절차를 거친다. 이를 통해 허위 등록, 중복 계정, 결제 사기 등을 원천적으로 차단한다.

또한 거래내역은 해시값으로 블록체인에 기록되므로 위조가 불가능하며, 이용자 간 평판 점수는 분석 시스템을 통해 자동

산출된다.

AI와의 연계 – 지능형 상거래 분석

AI는 BIZA-Market Tool과 연동되어 거래 패턴을 분석하고, 사용자 평판과 시장 데이터를 AI로 예측한다. 이를 통해 플랫폼은 거래 리스크를 사전에 감지하고, 신뢰도 기반의 추천 시스템을 구현한다. AI는 판매자 평판, 거래 성공률, 결제 이력 등을 종합 분석하여 시장 신뢰도를 높이고 유통 생태계의 건전성을 유지한다.

산업적 활용사례

BIZA-Market Tool은 전자상거래, 교육 콘텐츠, 헬스케어, NFT 거래 등 다양한 산업에서 활용될 수 있다.

예를 들어, BIZA-UVIT에서는 NFT 작품의 2차 거래를 자동화하며, BIZA-CarnegieMall에서는 P2P 중고 거래, 신제품 런칭, 소상공인 유통을 지원한다.

또한 BIZA-Metaversity와 BIZA-MetaWorld에서는 이용자들이 원하는 콘텐츠를 제한 없이 쉽게 이용할 수 있는 구조를 제공한다.

Web3 유통 혁신의 기반

BIZA-Market Tool은 BizAuto Web3 생태계의 '상거래 엔진'이다. 중개자 없는 투명한 거래, 실시간 정산, 신뢰 기반의 평판 시스템을 구현함으로써, 전 세계 누구나 참여할 수 있는 P2P 유통 경제를 실현한다. 이는 Web3가 단순한 기술 혁신을 넘어, 인간 중심의 상거래 철학을 구현하는 실질적 도구임을 증명한다.

10
Web3 Tools의 산업적 활용사례

본 절은 아멕스지의 Web3 Tools의 산업별 확장성과 실질적 적용 사례를 중심으로 다룬다.

Web3 Tools는 금융·유통·교육·예술·헬스케어·공공행정 등 전 산업 영역에서 탈중앙화 혁신을 실현하는 범용 플랫폼이다. 각 Tool은 스마트 컨트랙트, DID 인증, NFT, AI 데이터 분석을 결합하여 신뢰·투명성·자동화를 구현한다. 이를 통해 전통 산업은 중개 없는 거래·합법적 규제 준수·데이터 주권 강화를 동시에 달성하게 된다.

결국 Web3 Tools는 기술을 넘어 산업 패러다임을 인간 중심의 자율·신뢰 기반 구조로 재편하는 촉매제로 작용한다.

금융 산업 – 탈중앙 금융(DeFi)과 규제형 KYC 융합 모델

BIZA-Defi와 BIZA-KYC / BIZA-OTP Tool은 금융기관이 블록체인 기술을 활용하면서도 규제에 부합할 수 있는 안전한 프레임워크를 제공한다.

BIZA-Defi 사용자는 BIZA-KYC 인증을 거쳐 합법적으로 이자 보상을 받을 수 있으며, 기관은 AML 규정을 위반하지 않고 Web3 금융서비스를 제공할 수 있다. 이 구조는 전통 금융과 Web3 금융의 경계를 허무는 새로운 협력 모델로 평가된다.

유통 산업 – BIZA-CarnegieMall의 글로벌 상거래 혁신

BIZA-Market Tool과 BIZA-INApp Tool은 글로벌 P2P 거래를 실현하며, 가맹점과 소비자가 직접 거래할 수 있는 구조를 구축했다. 특히 제품 생산자와 판매자는 디지털 계약을 통해 전 세계 시장에 진입할 수 있는 환경을 제공한다. 이는 전통 유통의 복잡한 중간 단계를 제거하고, 블록체인을 통해 투명하고 신뢰할 수 있는 거래 생태계를 구축한다.

교육 산업 – BIZA-Metaversity와 DID 인증 기반의 학습 생태계

교육 분야에서는 BIZA-Metaversity가 Web3 Tools를 활용하

여 학습자 중심의 P2P 교육 플랫폼을 구현했다. DID 인증을 통해 학습자의 이력과 지식 활동이 블록체인에 기록되며, AI는 학습 데이터를 분석해 맞춤형 학습 경로를 제안한다. 이는 '배움의 탈중앙화'를 실현한 최초의 Web3 교육 생태계로 평가된다.

예술 및 콘텐츠 산업 – NFT와 Metaverse의 결합

BIZA-NFT / BIZA-Metaverse Tool은 예술가와 창작자가 자신의 작품을 NFT로 발행하고, BIZA-UVIT과 BIZA-MetaWorld에서 실시간으로 전시·거래할 수 있게 한다. AI는 예술품 가치 분석과 시장 트렌드 예측을 수행하여, 창작자에게 실질적인 수익 모델을 제공한다. 이로써 예술은 더이상 일부 플랫폼의 전유물이 아니라, 블록체인에 의해 보호되고 누구나 참여할 수 있는 디지털 공공재로 발전한다.

헬스케어 산업 – BIZA-INCAV 기반의 BIO 플랫폼

BIZA-INCAV는 헬스케어 및 BIO 산업의 글로벌 공급망 혁신을 도모하고자 한다. BIZA-Market Tool과 결합되어 의료기기, 건강식품, 생명공학 제품의 유통을 관리하며, 제품 진위 및 유통 이력 정보를 기록할 수 있다. 이로써 소비자는 투명한 정보에 기반해 안전하게 제품을 구매할 수 있다.

공공행정 및 디지털 신원 시스템

BIZA-DID Tool은 공공 서비스의 디지털 전환에도 활용 가능하다. 정부 기관은 DID 인증을 통해 시민의 신원정보를 탈중앙 방식으로 관리할 수 있으며, BIZA-KYC Tool을 결합하면 공공 보조금 지급, 투표, 행정 절차의 투명성이 향상된다. 이는 중앙집중형 행정 시스템에서 발생하는 비효율성과 보안 문제를 해결하는 실질적 대안으로 작용한다.

AI 데이터 경제 – AI와 Web3 Tools의 결합

AI는 Web3 Tools와 결합해 'AI 데이터 경제'라는 새로운 시장을 창출하고 있다. 사용자의 검색, 대화, 거래, 학습 등의 활동이 블록체인에 기록되고, AI는 이를 학습 데이터로 활용해 보상을 제공한다. BIZA-DID, BIZA-Wallet, BIZA-INApp Tool이 이 과정에 통합되어 데이터의 신뢰성과 투명성을 보장한다. 이 구조는 AI와 Web3가 상호 보완적으로 발전하는 '데이터 주권형 AI 생태계'의 기반을 마련한다.

Web3 Tools가 이끄는 산업 패러다임의 변화

아멕스지의 Web3 Tools는 기술의 집합체가 아니라, 산업 전반의 디지털 전환을 이끄는 촉매제다. 탈중앙화, 신뢰, 투명성, 그리고 자율성을 바탕으로, 각 산업은 Web3 철학에 따라 재편되고 있다.

이제 기업과 개인 모두가 Web3 Tools를 통해 '스스로 연결되고, 스스로 증명하며, 스스로 성장하는' 생태계의 일원이 될 것이다.

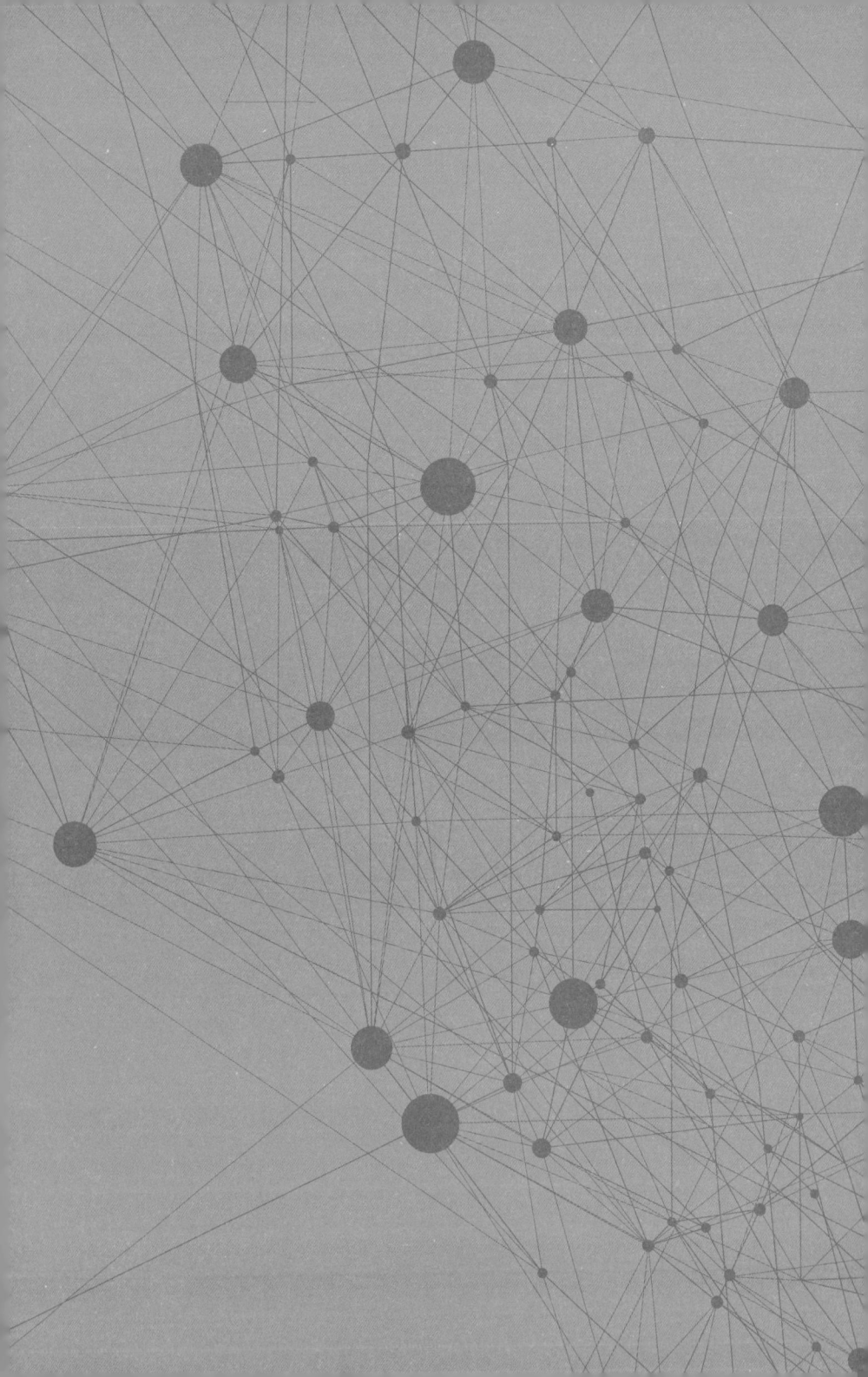

4장

BizAuto Web3 생태계의 플랫폼 구조

1
AI-ZIO
— AI+Web3 융합 검색 서비스

본 절은 AI-ZIO의 철학, 기술 구조, 경제 모델, 그리고 인간 중심적 가치를 중심으로 다룬다.

AI-ZIO는 AI와 블록체인을 결합해 지식 기여를 경제적 보상으로 전환하는 탈중앙 지식경제 플랫폼이다. PoKC(Proof of Knowledge Contribution) 시스템을 통해 사용자의 검색·대화·창작 활동이 블록체인에 기록되고 ZIOW 토큰으로 보상된다.

AI-ZIO는 BizAuto 생태계 전반의 지식 허브이자 DAO 기반의 민주적 AI 운영체계를 갖춘다. 결국 AI-ZIO는 AI와 인간이 공진화하며 '지식이 곧 자산이 되는 사회'를 실현하는 Web3 철학의 완성체다.

AI-ZIO의 철학적 출발점

AI-ZIO는 단순한 검색 엔진이 아니라, 지식 기여를 경제적 가치로 환원하는 시스템이다. 기존 인터넷이 데이터를 집중화했다면, AI-ZIO는 지식의 생산과 소비 모두를 사용자에게 돌려준다. 이 철학은 '지식의 탈중앙화'라는 아멕스지 Web3 비전의 핵심이다.

AI와 블록체인의 결합 원리

AI-ZIO는 인공지능의 언어 이해 기술과 블록체인의 불변 기록 구조를 결합하여, 사용자의 검색·대화 활동을 PoKC(Proof of Knowledge Contribution)로 기록한다. AI가 지식 맥락을 해석하고, 블록체인이 그 기여를 증명하는 구조다. 이 조합은 AI가 인간의 노동을 대체하는 것이 아니라 확장하는 도구임을 보여준다.

PoKC(Proof of Knowledge Contribution)

PoKC는 사용자의 지식 기여 활동을 가치로 환산하는 AI-ZIO만의 독창적 모델이다. 검색, 질문, 답변, 콘텐츠 생성 등의 행위는 모두 블록체인에 기록되고, 그 기여도에 따라 보상 토큰이 지급된다. 이는 Web3 시대의 새로운 '지식 경제 모델'이다.

ZIOW 토큰 경제 모델

AI-ZIO는 ZIOW 토큰을 생태계 핵심 자산으로 사용한다. ZIOW는 AI-ZIO 및 BizAuto 플랫폼에서 보상 및 결제용으로 활용되고, ZIOW는 BizAuto MainNet 기반의 확장 버전으로 진화한다. ZIOW는 BizaPAY Wallet을 통해 보유·스테이킹 및 보상이 자동 처리된다. 이 구조는 AI 기여→블록체인 기록→경제적 보상으로 이어지는 순환 생태계를 형성한다.

AI-ZIO의 기술 아키텍처

AI-ZIO는 BizAuto MainNet 위에서 동작하며, AI는 사용자 질의를 의미 단위로 분석하고, BizAuto MainNet은 이를 PoKC 기록으로 저장한다. 검색 결과는 AI 모델이 생성하지만, 그 기록은 불변 블록체인에 남는다. 이로써 AI 결과의 투명성과 검증 가능성이 확보된다.

AI-ZIO DAO 거버넌스 모델

AI-ZIO의 운영은 DAO 형태로 진행된다. 지식 기여자, 토큰 홀더, 개발자 등이 거버넌스 투표에 참여하며, 보상률, AI 업데이트 정책, 데이터 활용 범위를 결정할 수 있다. 이는 AI의 운영 방향을 인간 공동체가 결정하는 '민주적 AI 모델'이다.

AI-ZIO의 사회적 의미

AI-ZIO는 AI가 인간의 역할을 대체하는 것이 아니라, 인간의 지식 가치를 증명하는 도구임을 보여준다. 모든 사용자는 지식 생산자이자 보상 수혜자가 되며, 이는 디지털 시대의 새로운 노동 형태다. AI와 Web3의 결합은 지식경제를 민주화하고, 기여가 곧 보상이 되는 사회로 나아가는 첫걸음이다.

AI와 인간의 공진화

AI-ZIO는 기술과 인간이 공진화하는 플랫폼이다. AI가 지식을 분석하고, 블록체인이 그 가치를 증명하며, 경제 시스템이 보상한다. 이 순환 구조는 'AI가 인간을 대체하는 세상'이 아닌, 'AI와 인간이 함께 성장하는 세상'을 설계한다. 이것이 AI-ZIO의 궁극적 철학이다.

2
BIZA-CarnegieMall
— Web3 P2P 쇼핑 플랫폼

본 절은 BIZA-CarnegieMall의 구조, 철학, 기술, 그리고 Web3의 경제적 의미를 중심으로 다룬다.

BIZA-CarnegieMall은 세계 최초의 Web3 기반 탈중앙화 P2P 쇼핑 플랫폼으로, 중개자 없이 소비자와 판매자가 직접 거래한다. 모든 거래는 스마트 컨트랙트로 자동 처리되어 투명성과 신뢰성을 확보하며, 결제는 BIZA-INApp과 BizaPAY Wallet을 통해 이루어진다. 리뷰·평가 데이터도 블록체인에 기록되어 조작 불가능한 공정한 소비 생태계를 만든다.

결국 BIZA-CarnegieMall은 '소비의 민주화'를 실현하는 인간 중심 Web3 경제 플랫폼으로, 소비자·판매자 모두가 생태계의 주체가 되는 새로운 거래 패러다임을 제시한다.

BIZA-CarnegieMall의 개요

BIZA-CarnegieMall은 아멕스지가 개발한 세계 최초의 Web3 기반 탈중앙화 P2P 쇼핑 플랫폼이다. 이 플랫폼은 중앙 관리자 없이 소비자와 판매자가 직접 거래할 수 있는 구조를 갖추고 있으며, 스마트 컨트랙트를 통해 거래의 투명성과 신뢰성을 보장한다. 기존 전자상거래의 높은 수수료와 복잡한 결제 절차를 제거하고, 누구나 손쉽게 글로벌 시장에 진입할 수 있도록 설계되었다.

철학적 배경 – 소비의 민주화

BIZA-CarnegieMall의 철학은 '소비의 민주화'에 있다. 전통적인 유통 구조에서 소비자는 정보와 가격의 불균형 속에 놓여 있었다. 이 플랫폼은 블록체인 기술을 통해 가격, 품질, 거래 이력을 완전히 공개함으로써 모든 참여자가 동등한 정보에 접근할 수 있는 환경을 제공한다. 이는 단순히 기술적 혁신이 아닌, 공정한 거래 질서의 회복을 의미한다.

스마트 컨트랙트 기반의 거래 구조

모든 거래는 RESTful를 통해 자동으로 수행된다. 상품 등록부터 결제, 배송, 리뷰까지 모든 단계가 코드로 처리되며, 사람이 개입할 여지를 최소화했다. 예를 들어, 소비자가 상품을 구매하면 결제 금액은 스마트 컨트랙트에 의해 에스크로(escrow) 상태로 보관되고, 배송 완료 및 거래 확인 후 자동으로 판매자에게 이체된다. 이로써 분쟁 가능성을 최소화하며, 신뢰 기반의 거래를 실현한다.

글로벌 가맹점 등록 시스템

BIZA-CarnegieMall은 누구나 가맹점으로 등록할 수 있는 개방형 플랫폼이다. 관리자의 승인 없이도 판매자는 상점과 상품을 등록할 수 있으며, 스마트 컨트랙트가 거래 기록을 자동으로 관리한다. 이 시스템은 국경, 업종, 규모에 제한이 없고, 실시간으로 글로벌 홍보가 가능하며 글로벌 소비자와의 연결이 가능하다.

결제 시스템과 BIZA-INApp 연동

BIZA-CarnegieMall은 BIZA-INApp 및 BizaPAY Wallet과 완전하게 연동되어 있다. 소비자는 가상자산으로 결제할 수 있으며, 향후 스테이블코인 및 주요 메이저 코인도 지원 예정이다. 결제 과정은 블록체인상에서 실시간으로 검증되며, 거래 내역은 위변조가 불가능하다. 이로써 금융기관이나 결제 대행사가 없는 '진정한 탈중앙 결제 구조'를 완성하였다.

리뷰 및 평가 시스템의 투명성

BIZA-CarnegieMall은 리뷰와 평가 역시 블록체인에 기록한다. 거래 후 사용자가 남긴 리뷰는 수정이 불가능하며, 모든 이용자는 그 데이터를 신뢰할 수 있다. 이는 Web2 쇼핑몰의 리뷰 조작 문제를 근본적으로 해결한 혁신적 시스템이다.

BIZA-CarnegieMall과 AI-ZIO의 연계

AI는 BIZA-CarnegieMall의 핵심 분석 엔진으로 작동한다. AI는 소비자의 검색 패턴과 구매 이력을 분석하여 개인화된 상품을 추천하며, 모든 추천 데이터는 구조화되어 블록체인에 기록된다. 이로써 데이터 투명성과 개인 맞춤형 서비스가 동시에 실현된다.

Web3 경제 생태계에서의 역할

BIZA-CarnegieMall은 단순한 전자상거래 플랫폼이 아니라, Web3 시대의 새로운 경제 생태계를 구축하는 중심축이다. 상품 거래, 결제, 리뷰, 광고 등 모든 경제 활동이 블록체인에 기록되며, 참여자는 ZIOW 토큰을 통해 직접적인 경제적 가치를 얻는다. 이는 소비자가 단순 소비자가 아닌, 생태계의 주체로 참여하는 구조를 의미한다.

탈중앙화된 소비 혁명

BIZA-CarnegieMall은 인간 중심 경제의 회복을 위한 실험이자 실현이다. 모든 거래는 신뢰로 이어지고, 신뢰는 기술로 증명된다. 아멕스지는 이 플랫폼을 통해 Web3 시대의 새로운 소비문화를 창조하고 있다. '소비가 곧 투자이며, 거래가 곧 참여다'―이것이 BIZA-CarnegieMall이 제시하는 미래 경제의 방향이다.

3
BIZA-UVIT
― Web3 NFT 갤러리 플랫폼

본 절은 BIZA-UVIT이 구현하는 Web3 예술 생태계와 그 철학적 의미를 중심으로 다룬다.

BIZA-UVIT은 NFT와 블록체인 기술을 기반으로 디지털 및 실물 예술품의 소유권을 탈중앙화 방식으로 관리·거래하는 플랫폼이다. 모든 작품은 AutoXML 구조로 메타데이터를 관리하며, AI가 이를 분석해 개인화된 큐레이션과 가치평가를 수행한다. 스마트 컨트랙트를 통해 창작자·소유자·구매자의 권리가 자동 보호되고 수익이 투명하게 분배된다.

결국 BIZA-UVIT은 예술의 민주화와 탈중앙화를 실현한 Art 3.0 플랫폼으로, 기술이 예술의 자유와 신뢰를 확장시키는 새로운 시대를 연다.

BIZA-UVIT의 개요

BIZA-UVIT은 예술과 기술이 결합한 Web3 시대의 디지털 갤러리이다. NFT(Non-Fungible Token) 기술을 통해 디지털 콘텐츠뿐 아니라 실물 예술품의 소유권을 블록체인에 기록한다. 모든 작품은 스마트 컨트랙트를 통해 거래되며, 창작자·소유자·구매자의 권리가 자동으로 보호된다. BIZA-UVIT은 단순한 NFT 마켓플레이스가 아니라, 예술 경제의 탈중앙화 플랫폼이다.

예술의 민주화 – 누구나 작가가 되는 생태계

기존 미술 시장은 소수의 갤러리와 큐레이터에 의해 독점되어 있었다. BIZA-UVIT은 이러한 구조를 해체하고, 모든 사용자가 예술의 생산자이자 투자자가 될 수 있는 환경을 제공한다. 작품 등록에 중앙 승인 절차가 없으며, 즉시 NFT 발행이 가능하다. 이는 예술가가 스스로 작품의 가치를 정의하고, 글로벌 시장과 직접 연결될 수 있게 하는 예술의 민주화이다.

실물 예술품과 디지털 자산의 융합

BIZA-UVIT의 혁신은 '디지털 예술'에 한정되지 않는다. 실물 예술품도 NFT 형태로 등록될 수 있으며, 작품 정보에는 'Physical / Digital' 표기가 함께 기록된다. 구매자는 실물 작품의 보관 여부, 소유권 인증서, 운송 정보까지 모두 블록체인에서 확인할 수 있다. 이는 예술 시장의 신뢰 문제를 근본적으로 해결하는 구조다.

AutoXML 기반의 메타데이터 관리

모든 NFT의 메타데이터는 AutoXML 구조로 관리된다. 작품명, 작가, 발행일, 거래 이력, 진위 여부 등이 구조화된 XML 포맷으로 저장되어 AI와의 연동을 통해 검색, 추천, 가치평가가 가능하다. 즉, BIZA-UVIT은 단순히 NFT를 발행하는 플랫폼이 아니라, AI가 이해할 수 있는 예술 데이터 생태계다.

BIZA-UVIT과 AI의 결합

AI는 BIZA-UVIT의 데이터 분석 엔진으로 작동한다. AI는 작품의 주제, 화풍, 거래 이력을 학습해 사용자에게 개인화된 추천을 제공한다. 예를 들어, 특정 작가의 NFT를 보유한 사용자는 AI를 통해 유사한 스타일의 작품을 추천받을 수 있다. 이는 Web3 예술 시장에서 AI 큐레이션 개념을 처음으로 실현한 사례다.

거래 구조와 수익 배분 시스템

NFT 판매가 이루어질 때, 수익은 자동으로 스마트 컨트랙트에 따라 분배된다. 창작자는 일반판매와 경매를 선택하고 판매금의 일정 비율을 로열티로 지속 수령할 수 있으며, 구매자는 2차 판매가 가능하다. 플랫폼은 거래 수수료를 최소화했다. 모든 결제는 BIZA-INApp과 BizaPAY Wallet을 통해 처리되어, Web3 기반의 글로벌 결제가 가능하다.

Web3 예술 생태계의 철학적 의미

BIZA-UVIT은 예술이 '소유의 대상'이 아닌, '참여의 과정'으로 변하는 전환점을 제시한다. 사용자는 단순한 구매자가 아니라 작가의 창작 과정에 참여하는 공동 주체가 된다. 모든 거래가 투명하게 기록되고, 창작의 권리가 자동으로 보장되는 이 구조는 예술을 인간의 자유로운 표현으로 되돌려주는 Web3 철학의 구현이다.

예술의 탈중앙화 선언

BIZA-UVIT은 기술이 예술의 본질을 침범하지 않고, 오히려 그 가치를 확장시킨다는 사실을 보여준다. 창작자는 자유를, 수집가는 신뢰를, 플랫폼은 투명성을 제공한다. 아멕스지는 BIZA-UVIT을 통해 '예술의 탈중앙화', 즉 Art 3.0 시대를 열고 있다.

4
BIZA-Metaversity
― Web3 P2P 교육 플랫폼

본 절은 BIZA-Metaversity의 탈중앙화 교육 철학과 기술 구조를 중심으로 다룬다.

BIZA-Metaversity는 Web3 기반 P2P 학습 생태계로, 모든 사용자가 교사이자 학습자로 참여하는 지식 순환형 DAO 플랫폼이다. AI가 학습 데이터를 분석해 맞춤형 강의를 추천하며, 모든 활동은 블록체인에 기록되어 토큰으로 보상된다.

BIZA-INApp 결제를 통해 글로벌 교육 경제가 형성된다. 결국 BIZA-Metaversity는 '가르침이 곧 보상, 배움이 곧 자산'인 Web3 학습 혁명을 실현하는 플랫폼이다.

BIZA-Metaversity의 개요

BIZA-Metaversity는 Web3 기술을 기반으로 한 탈중앙화 교육 플랫폼이다. 이 플랫폼은 지식을 일방적으로 전달하는 기존의 교육 구조를 넘어, 모든 참여자가 '교사이자 학습자'로서 역할을 수행할 수 있는 P2P 학습 생태계를 지향한다. 즉, 지식의 생산과 소비가 동시에 이루어지는 지식 순환형 교육 시스템이다.

철학적 배경 – 교육의 탈중앙화

기존 교육 시스템은 제도와 기관 중심의 폐쇄적 구조였다. BIZA-Metaversity는 '배움의 주권은 개인에게 있다'는 철학 아래, 학습의 권리와 기회의 불평등을 해소하고자 한다. 누구나 교재를 등록하고, 수강료를 설정하고, 글로벌 학습자와 직접 연결될 수 있다. 이는 교육의 탈중앙화이자, Web3 시대의 교육 민주주의 선언이다.

P2P 학습 구조와 DAO 거버넌스

BIZA-Metaversity는 DAO(탈중앙화 자율조직) 형태로 운영될 수 있다. 강사, 학습자, 평가자, 운영자 모두가 투표를 통해 교육 콘텐츠의 질과 방향을 결정한다. 강의 등록 승인, 보상 비율, 운영 정책은 DAO 거버넌스 스마트 컨트랙트에 의해 자동 실행된다. 이로써 평가의 공정성과 운영의 투명성을 확보할 수 있다.

AI와의 지식 연동 시스템

AI는 BIZA-Metaversity의 핵심 인텔리전스 엔진으로 작동한다. AI는 학습자의 수준과 관심사를 분석하여 맞춤형 강의를 추천하고, 학습 중 생성된 질문과 토론 내용을 기록한다. 이로써 학습 이력이 남고, 토큰 보상으로 연결되는 AI-Learning 구조를 완성한다.

토큰을 활용한 보상 시스템

학습자와 강사 모두 토큰으로 보상을 받을 수 있다. 강의 시청, 퀴즈 참여, 콘텐츠 평가 등 모든 활동이 블록체인에 기록되어 기여도로 환산된다. 이 보상 구조는 단순한 교육 플랫폼이 아닌, 지식이 곧 자산이 되는 학습 경제 생태계를 실현한다. BizaPAY Wallet을 통해 모든 보상은 실시간으로 지급된다.

BIZA-INApp과 결제 연동 구조

BIZA-Metaversity는 BIZA-INApp 결제 시스템과 완전히 통합되어 있다. 수강료는 가상자산으로 결제할 수 있으며, 전 세계 어디서나 접근이 가능하다. 다양한 코인을 지원하며, 스마트 컨트랙트 기반으로 결제와 환불이 자동 처리된다. 이는 Web3 교육의 글로벌 경제 인프라로 작동한다.

학습 NFT와 지식 인증 구조

모든 학습자는 강의를 수료하면 디지털 수료증을 발급받을 수 있다. 이 디지털 수료증은 개인의 학습 이력, 기여도, 평가 내역을 포함하고 있으며, AI를 통해 자동 검증이 가능하다. 이 시스템은 학력 위주의 사회에서 실질적 지식 능력 인증 모델로의 전환을 이끌고 있다.

교육 생태계의 확장성과 사회적 가치

BIZA-Metaversity는 학교나 기업, 공공기관이 참여 가능한 개방형 플랫폼이다. 기관은 자체 강의 채널을 개설하고, 교육 DAO로 참여할 수 있다. 이를 통해 국가와 민간의 교육 격차를 줄이고, 전 세계 학습자들이 동일한 기준의 교육 혜택을 누릴 수 있다. 이는 지식의 국경을 허무는 Web3 혁신 교육 모델이다.

지식의 주권은 개인에게

BIZA-Metaversity는 단순한 학습 플랫폼이 아니다. 지식의 생산, 검증, 보상, 확산이 하나의 순환 구조로 이루어진 탈중앙화 학습 생태계이다. 이 플랫폼은 교육을 제도의 영역에서 개인의 권리로 되돌리며, Web3 시대의 새로운 인류 교육 패러다임을 제시한다. '가르침이 곧 보상이고, 배움이 곧 자산이다' — 이것이 BIZA-Metaversity의 철학이다.

5
BIZA-MetaWorld
— Web3 메타버스 플랫폼

　본 절은 BIZA-MetaWorld가 구축하는 Web3 기반의 가상경제 생태계와 철학적 비전을 중심으로 다룬다.

　BIZA-MetaWorld는 사용자가 창작·소유·거래·운영하는 탈중앙형 메타버스 플랫폼으로, 모든 활동이 블록체인에 기록되며, BIZA 및 ZIOW 토큰을 중심으로 한 자율 경제 구조가 형성된다.

　AI와 DAO 거버넌스가 결합되어 사용자가 직접 사회·경제·정책을 결정하는 디지털 자치국가 모델을 구현한다. 결국 BIZA-MetaWorld는 현실과 가상의 경계를 허무는 Web3 디지털 문명의 새로운 영토로, 개인의 창의와 주권이 실현되는 메타버스 사회를 제시한다.

BIZA-MetaWorld의 개요

BIZA-MetaWorld는 Web3 기술과 메타버스 개념이 융합된 차세대 가상세계 플랫폼이다. 이곳에서는 사용자가 단순히 콘텐츠를 소비하는 것이 아니라, 창작하고, 소유하고, 거래하며, 경제활동을 영위한다.

모든 활동은 블록체인상에서 기록되며, 가상공간 속 경제 시스템이 현실의 금융 구조와 직접 연동된다. 즉, BIZA-MetaWorld는 디지털 자산이 실제 가치로 작동하는 Web3 기반의 가상 경제국이다.

메타버스와 Web3의 융합 철학

기존의 메타버스는 기업이 운영하는 중앙 서버에 의존했다. BIZA-MetaWorld는 이 한계를 넘어, 사용자가 주인인 가상세계를 실현한다. 모든 데이터, 아바타, 토지, 아이템은 사용자의 지갑(Wallet)에 귀속되며, 토큰을 통해 직접 거래가 가능하다. 이 철학은 Web3가 제시하는 디지털 주권의 실천이다.

BIZA-MetaWorld의 핵심 구성 요소

BIZA-MetaWorld는 다음의 네 가지 축으로 구성된다.
① Avatar System: 사용자는 자신만의 3D 아바타를 생성한다.

② Land System: 여러 구역으로 분할되어 이를 상점, 전시장, 강의실, 영화관 등 다양한 목적에 맞게 활용할 수 있다.

③ Economic Layer: 토큰으로 거래가 이루어지는 탈중앙 경제 구조.

④ Community DAO: 사용자 간 소통과 협업을 위한 커뮤니티 공간으로 기능을 한다.

이 네 축이 하나의 생태계를 구성하며, 사용자가 직접 운영하는 메타버스 국가 모델을 형성한다.

BIZA-MetaWorld와 AI의 결합

AI는 BIZA-MetaWorld의 지식 인프라 역할을 한다. AI는 아바타 간의 대화, 행동, 거래 기록을 분석하여 맞춤형 추천과 경제 패턴을 제시한다.

또한 AI는 메타버스 내 아바타의 직업이나 역할을 발전시키는 AI 기반의 성장 시스템을 제공한다. 이는 AI와 블록체인의 융합이 인간 사회의 새로운 디지털 생태계를 창조하는 모델이다.

토큰 이코노미와 보상 시스템

BIZA-MetaWorld의 경제는 토큰을 중심으로 작동한다.

① 메인 결제 및 거래 수단 토큰.

② 활동 보상 및 DAO 참여용 토큰.

③ 부동산, 아이템, 예술품 등 가치 교환 수단의 NFT.

모든 경제 활동은 스마트 컨트랙트에 의해 자동 정산되며, 보유자는 활동 참여만으로도 일정한 보상 이율(Defi 연동)을 받는다.

BIZA-INApp 및 Crypto Wallet 연동 구조

BIZA-MetaWorld는 현실의 결제 시스템과 완벽히 통합되어 있다. 사용자는 BIZA-INApp을 통해 현실 화폐나 가상자산으로 상품을 구매하고, Crypto Wallet을 통해 메타버스 내 모든 결제를 처리한다. 이는 Web2와 Web3의 연결 고리(Bridge Layer)로 작동하며, 현실과 가상의 경계를 허무는 완전한 경제 통합 모델이다.

DAO 거버넌스 – 시민 중심의 메타버스 사회

BIZA-MetaWorld는 중앙 운영자가 존재하지 않는다. 모든 규칙과 정책은 DAO에 의해 결정되며, 사용자 투표를 통해 반영된다. 토큰 보유자는 투표권을 가진 시민으로서 메타버스 사회의 일원으로 참여한다. 이것이 바로 디지털 시민 자치 시대의 출발점이다.

BIZA-MetaWorld의 확장성과 파급력

BIZA-MetaWorld는 단순한 엔터테인먼트 공간이 아니라, 쇼핑, 교육, 전시, 회의, 금융, 예술이 통합된 Web3 복합 생태계이다. 특히 기업들은 가상 상점을 개설해 글로벌 시장에 진출할 수 있으며, AI 기반의 데이터 분석을 통해 실시간 고객 행태를 파악할 수 있다. 이 구조는 향후 가상도시 기반의 글로벌 상거래 플랫폼으로 확장될 것이다.

디지털 문명의 새로운 영토

BIZA-MetaWorld는 단순한 가상공간이 아니다. 이곳은 인간의 창의력과 기술이 융합된 디지털 문명의 새로운 영토이다. 현실의 제약을 넘어, 개인의 정체성과 경제활동, 교육과 예술이 완전히 새로운 방식으로 연결되는 메타버스 사회. 아멕스지는 이 플랫폼을 통해 Web3 시대의 가상국가 모델로 발전시켜 갈 것이다.

6
BIZA-INApp
— Crypto 간편결제 서비스

본 절은 BIZA-INApp이 구현하는 Web3 결제 혁신과 철학적 의미를 중심으로 다룬다.

BIZA-INApp은 Web2와 Web3를 연결하는 탈중앙 간편결제 플랫폼으로, BizAuto MainNet 기반의 스마트 컨트랙트 구조를 갖추고 있다. 모든 결제는 중앙기관의 개입 없이 블록체인에서 자동 처리되며, DID·KYC 시스템을 통해 합법성과 보안성을 동시에 확보한다.

Crypto Wallet 및 다양한 블록체인 네트워크와 연동되어 다양한 토큰 결제를 통합 지원한다. 결국 BIZA-INApp은 '거래의 자유'와 '자산 주권'을 실현하는 Web3 금융의 글로벌 표준 플랫폼이다.

BIZA-INApp의 개요

BIZA-INApp은 Web3 시대의 가상자산 간편결제 솔루션으로, 기존 Web2 전자결제 시스템과 Web3 블록체인 결제 생태계를 연결하는 혁신적인 브릿지 플랫폼이다.

AI-ZIO, BIZA-CarnegieMall, BIZA-UVIT, BIZA-Metaversity, BIZA-MetaWorld, BizaPAY Wallet 등 모든 BizAuto 생태계 플랫폼에 연동되어 있으며, 소비자와 판매자가 가상자산으로 손쉽고 안전하게 결제할 수 있도록 설계되었다. 이는 단순한 결제 수단이 아니라, Web3 상거래 인프라의 핵심 허브이다.

철학적 배경 – 화폐의 주권과 거래의 자유

기존의 결제 시스템은 중앙 금융기관과 결제대행사에 의해 통제되어 왔다. BIZA-INApp은 이러한 구조를 넘어, '거래의 자유는 사용자에게 있다'는 철학 아래 개발되었다. 모든 결제 데이터는 블록체인에 기록되어, 은행이나 카드사가 개입하지 않는다. 이 시스템은 개인의 자산 주권을 보장하며, 글로벌 상거래의 탈중앙화된 금융 생태계를 구축한다.

BIZA-INApp의 기술 구조

BIZA-INApp은 BizAuto MainNet 기반으로 설계되었으며,

다음과 같은 핵심 구조를 갖는다.

① Smart Payment Contract: 결제 프로세스가 자동화된 스마트 컨트랙트 구조.

② Cross-Chain Gateway: 비즈오토(BizAuto), 이더리움(Ethereum), 폴리곤(Polygon), 솔라나(Solana) 등 주요 블록체인과 연동.

③ Instant Settlement Engine: 결제 승인 후 즉시 정산되는 실시간 송금 시스템.

④ AML / KYC 연동: BIZA-DID Tools 및 BIZA-KYC Tools와 통합되어 합법적 거래환경을 보장.

이 구조는 Web3의 탈중앙성과 Web2의 편의성을 동시에 만족시킨다.

Web2.0과 Web3.0 결제의 연결 구조

BIZA-INApp은 Crypto Wallet과 연동되어 Web2.0 환경에서도 사용할 수 있다.

예를 들어, 기존의 온라인 쇼핑몰이나 앱 서비스에서도 BIZA-INApp을 통합하면 가상자산 결제, 스테이블코인 결제, 카드 결제를 동시에 지원할 수 있다. 이로써 기존 Web2 플랫폼이 자연스럽게 Web3 경제권으로 진입할 수 있는 통로를 제공한다.

BIZA-INApp과 Crypto Wallet의 통합 생태계

BIZA-INApp은 Crypto Wallet과 완전한 상호연동을 이루고 있다. Wallet 사용자는 자신의 자산을 보관하면서 동시에 결제에 활용할 수 있으며, 결제 시 자동으로 거래내역이 블록체인에 기록된다.

또한 BIZA-Defi와 연결되어 Wallet에 보유 중인 코인에 따라 복리 이자 보상(연이율 기반)이 자동 적용되는 구조를 갖는다. 이로써 BIZA-INApp은 단순한 결제 툴을 넘어 자산 운용형 결제 플랫폼으로 진화했다.

안전성과 규제 대응 구조

BIZA-INApp은 국제 결제 규제에 부합하는 합법적 DeFi(Decentralized Finance, 탈중앙 금융) 결제 구조를 추구한다. 코인을 재단이 직접 보유하지 않고, 사용자의 지갑 내에서 조건 충족 시 자동으로 이자 및 보상이 지급되는 모델을 채택했다. 이 방식은 기존 DeFi가 직면한 '자금 보유 리스크'를 제거하고, 금융감독 규제에도 대응 가능한 혁신적인 안전 구조로 평가된다.

글로벌 상거래 확장 모델

BIZA-INApp은 글로벌 전자상거래, 콘텐츠 플랫폼, 메타버스 결제 등 다양한 영역으로 확장이 가능하다. 특히 스테이블코인 제도화가 본격화될 경우, INApp 결제 솔루션은 기업들이 법정화폐와 가상자산을 통합 결제하는 시스템으로 작동할 것이다. 이는 향후 Web3 글로벌 결제 표준 모델로 자리잡을 잠재력을 지니고 있다.

Web3 금융의 새로운 표준

BIZA-INApp은 단순한 결제 앱이 아니라, Web2와 Web3를 연결하는 글로벌 디지털 결제 인프라이다. AI-ZIO, BIZA-CarnegieMall, BIZA-UVIT, BIZA-Metaversity, BIZA-MetaWorld 등 모든 플랫폼의 결제·정산·보상 구조가 INApp을 중심으로 통합되어, 하나의 거대한 Web3 금융 생태계를 형성한다. '결제는 기술이 아니라 철학이다.' BIZA-INApp은 그 철학을 실현하는 Web3 결제 혁신의 핵심 축이다.

7
BIZA-INCAV
— BIO 플랫폼

본 절은 BIZA-INCAV가 구축하는 Web3 기반 스마트 유통 생태계의 구조와 철학을 중심으로 다룬다.

BIZA-INCAV는 BIO 산업을 시작으로 B2B·B2C가 통합된 탈중앙형 유통 플랫폼으로, 공급자·판매자·소비자가 직접 연결되는 구조를 갖춘다. 스마트 컨트랙트를 통해 모든 거래가 자동화되고 데이터 투명성이 보장되며, AI는 시장 분석과 수요 예측을 지원한다. 청년 창업자와 소상공인을 위한 분산형 창업 생태계를 조성하고, 향후 토큰 결제와 보상 시스템으로 확장된다.

결국 BIZA-INCAV는 참여의 신뢰와 지속가능성을 기반으로 한 Web3 유통 혁신의 패러다임을 제시한다.

BIZA-INCAV의 개요

BIZA-INCAV는 BizAuto Web3 생태계 내에서 BIO 제품과 헬스케어 아이템을 중심으로 구축된 혁신적인 유통 플랫폼이다.

기존의 유통 구조가 중앙화된 공급망과 복잡한 중간 유통과정을 거쳤다면, BIZA-INCAV는 투명한 거래 시스템을 통해 공급자, 판매자, 소비자가 직접 연결되는 탈중앙형 유통 생태계를 실현한다. 특히 B2B와 B2C 모델을 동시에 지원하며, BIO 산업뿐 아니라 향후 모든 제품군으로 확장 가능한 개방형 구조를 갖추고 있다.

B2B·B2C 통합 유통 구조

BIZA-INCAV의 핵심은 B2B와 B2C가 상호 연동되는 복합형 구조다. 공급자는 플랫폼을 통해 자신의 BIO 제품을 등록하고, 중간 판매자는 해당 제품의 총판매권을 확보하여 재판매할 수 있다. 이는 오프라인 유통의 한계를 넘어, 전 세계 어디서든 디지털 계약을 통해 거래를 체결할 수 있게 한다.

소비자는 직접 구매할 수도 있으며, 생산자는 별도의 승인 절차 없이 제품을 등록하여 글로벌 판매 네트워크를 구축할 수 있다. 결국 BIZA-INCAV는 전통 유통 시장을 디지털로 재해석한 '스마트 유통 플랫폼'이다.

탈중앙화와 중앙집중형의 조화 – 하이브리드 유통망

BIZA-INCAV는 완전한 탈중앙화로의 급격한 전환이 아닌, 현실적이고 단계적인 진화를 선택했다. 기존 중앙집중형 유통의 효율성을 유지하면서도, 데이터 투명성과 신뢰를 결합했다.

이 하이브리드 구조는 중앙 관리자의 역할을 최소화하면서도 품질 검증과 서비스 안정성을 보장하는 독자적 운영체계다. 이로써 INCAV는 전통 유통망의 한계를 보완하면서, 탈중앙화의 철학을 실현하는 실질적 모델로 평가받고 있다.

청년 창업자 지원 생태계

BIZA-INCAV는 단순한 유통 플랫폼이 아니라, 새로운 창업 생태계의 중심이다. 누구나 플랫폼 내에서 제품을 유통하거나 총판 계약을 맺어 비즈니스를 시작할 수 있으며, 초기 자본 부담 없이 글로벌 판매망에 진입할 수 있다.

이는 청년 창업자와 소상공인들에게 실질적인 기회를 제공하며, Web3 기반의 '분산형 창업 생태계'를 구축하는 핵심 역할을 한다. 또한 AI와 연동되어 시장 분석, 수요 예측, 가격 전략을 자동화할 수 있어, 창업의 진입장벽을 크게 낮췄다.

기술적 기반 – 스마트 컨트랙트와 데이터 투명성

BIZA-INCAV는 모든 거래를 스마트 컨트랙트를 통해 자동으로 처리한다. 공급자 등록, 판매계약 체결, 결제, 정산, 보상까지 모든 과정이 기록된다. 이는 거래 이력의 위변조를 원천 차단하고, 데이터 투명성을 확보하며, AI와의 연동을 통해 실시간 분석을 가능하게 한다.

이러한 기술적 토대는 BIZA-INCAV를 단순한 전자상거래 플랫폼이 아닌, Web3 시대의 지능형 유통 인프라로 발전시켰다.

BIO 산업에서의 응용과 확장성

BIZA-INCAV는 초기에는 BIO 제품 유통을 중심으로 설계되었지만, 그 구조는 모든 산업군으로 확대 가능하다. 의료기기, 헬스푸드, 화장품, 친환경 제품 등 다양한 상품 카테고리를 수용할 수 있으며, AI를 통한 제품 인증, BIZA-INApp을 통한 결제, 제품 이력 관리가 결합되어 있다. 이 플랫폼은 '디지털 신뢰'를 기반으로 한 글로벌 유통 혁신의 방향성을 제시한다.

토큰 기반의 결제 및 보상 시스템으로 확장

BIZA-INCAV는 토큰을 결제 수단으로 사용할 수 있도록 확장할 예정이다. 사용자는 구매, 판매, 추천, 거래 활동에 따라 보상 토큰을 지급받으며, 모든 결제는 Crypto Wallet을 통해 이루어진다. 이로써 플랫폼 내의 모든 경제활동이 순환되며, Web3 유통 경제의 자급자족 모델을 형성한다.

향후 BIZA-INCAV는 토큰 기반의 결제 생태계를 통해 BIO 제품뿐 아니라 글로벌 전자상거래 산업 전반으로 확장될 예정이다.

사회적 가치 – 지속 가능한 유통 생태계

BIZA-INCAV는 단순히 이윤을 창출하는 비즈니스 플랫폼이 아니라, 생산자, 소비자, 판매자, 청년 창업자가 함께 성장할 수 있는 지속 가능한 경제 생태계를 지향한다. 거래의 투명성, 참여의 평등성, 보상의 공정성을 핵심 가치로 삼으며, 디지털 자산과 실물경제가 공존하는 새로운 형태의 유통 질서를 구축한다.

유통의 철학을 재정의하다

BIZA-INCAV는 Web3 시대에 유통의 본질을 새롭게 정의한다. 그것은 '통제의 효율성'이 아닌 '참여의 신뢰'에 기반한 유통이다.

　AI, 블록체인, 토큰 이코노미, 스마트 컨트랙트가 융합된 이 플랫폼은 21세기 유통 혁신의 새로운 패러다임이자, 디지털 경제의 중심축으로 자리 잡을 것이다.

8
BIZA-Defi
— 지갑 기반의 복리보상형 DeFi 시스템

본 절은 BIZA-Defi의 탈중앙 금융 구조와 규제 친화적 설계 철학을 중심으로 다룬다.

BIZA-Defi는 사용자 개인 지갑 내에서 복리 이자가 자동 지급되는 스마트 컨트랙트형 Web3 금융 솔루션이다. 재단이 자산을 보유하지 않아 금융 안전성과 자율성을 동시에 확보하며, 모든 과정이 블록체인에 투명하게 기록된다.

BIZA-DID·KYC와 연동되어 규제 준수형 사용자 주권 금융 모델을 실현하며, 보상 토큰은 거버넌스 권한까지 제공한다. 결국 BIZA-Defi는 신뢰·투명성·지속가능성을 갖춘 합법적 탈중앙 금융 생태계의 새로운 기준을 제시한다.

BIZA-Defi의 개요

BIZA-Defi는 Crypto Wallet에 내장된 복리형 자산 보상 시스템으로, 사용자가 지갑 내에 보유한 코인 수량에 따라 자동으로 이자가 지급되는 Web3 금융 솔루션이다. 이는 기존의 DeFi와 달리 재단이 직접 코인을 보유하거나 예치하지 않고, 사용자 개인 지갑 내에서 보상 로직이 작동하는 구조를 채택하고 있다.

운영 철학 - 안전성과 자율성의 공존

BIZA-Defi의 철학은 '규제와 기술의 균형'에 있다. 기존의 DeFi 프로젝트가 고위험·무규제 영역에서 운영되던 반면, BIZA-Defi는 금융 규제에 대응 가능한 구조로 설계되어 있다. 사용자의 자산을 재단이 직접 보유하지 않으며, 스마트 컨트랙트 조건 충족 시 자동으로 복리이자가 지급되는 방식은 금융 안전성과 기술 자율성을 동시에 확보한다.

보상 구조 - 복리형 스마트 컨트랙트 모델

BIZA-Defi는 연이율(APY) 기반의 복리 구조를 채택하고 있다. 사용자는 보유 기간, 코인 종류, 참여 프로그램 조건에 따라 차등적인 보상을 받는다.

예를 들어, 코인을 일정 기간 이상 보유할 경우 매월 1% 수준의 보상이 자동 지급되며, 이는 연복리로 계산된다. 이 모든 과정은 블록체인에 기록되어 투명하게 공개된다.

스마트 컨트랙트의 설계 원리

BIZA-Defi의 스마트 컨트랙트는 '조건형 자동지급(Conditional Auto-Pay)' 구조로 설계되었다. 보유 수량, 기간, 스테이킹 여부, DAO 참여 기록 등이 변수로 작용하며, 스마트 컨트랙트는 조건 충족 시 보상을 Crypto Wallet으로 직접 전송한다.

이는 탈중앙성과 자동화의 핵심 원리를 결합한 설계로, 운영자는 개입할 수 없고 사용자의 소유권이 완전히 보장된다.

Crypto Wallet과의 통합 운영

BIZA-Defi는 Crypto Wallet 내부에서 자동 작동한다. 사용자는 별도의 거래소 예치나 외부 플랫폼 접속 없이, 자신의 Crypto Wallet만으로 이자 발생과 보상 확인이 가능하다.

또한 BIZA-INApp 및 BIZA-CarnegieMall과 연동되어, 보상 코인을 즉시 결제나 재투자에 활용할 수 있다.

BIZA-Defi와 전통 금융의 비교

기존의 은행 예금은 중앙 기관이 자금을 보유하고 이자를 지급하는 방식이지만, BIZA-Defi는 블록체인이 중개자 역할을 대신한다. 즉, '스마트 컨트랙트가 은행의 이자 지급 역할을 수행' 하는 셈이다. 이를 통해 운영비용을 최소화하고, 전 세계 어디서든 동일한 조건의 금융 서비스를 제공한다.

규제 친화적 구조와 법적 대응

BIZA-Defi는 '사용자 주권형 금융'이라는 철학 아래, 각국의 자금세탁방지(AML) 및 KYC 정책을 준수한다. 또한 BIZA-DID Tools 및 BIZA-KYC Tools와 연계되어, 합법적 사용자만이 BIZA-DeFi 서비스에 참여할 수 있다.

이 구조는 기존의 DeFi 프로젝트가 직면한 규제 리스크를 최소화하며, 합법적 블록체인 금융 생태계의 새로운 기준을 제시한다.

토큰의 이코노미 역할

BIZA-Defi의 보상 수단은 BizAuto MainNet 토큰이다. 토큰은 생태계 내의 결제, 보상, DAO 투표에 모두 사용되며, BIZA-Defi 참여자에게는 보상뿐 아니라 거버넌스 권한까지 부여된다. 이는 금융과 참여 민주주의가 결합된 새로운 경제 모델이다.

지속 가능한 Web3 금융 생태계

BIZA-Defi는 단순한 자산 운용 시스템이 아니다. 이는 탈중앙 금융의 신뢰성과 실사용 경제의 연결 고리를 구축한 혁신적 모델이다. 사용자는 자산을 예치하지 않고도 복리 보상을 받으며, 모든 과정이 투명하게 기록되는 Web3 기반의 '자율형 이자 경제 시스템'을 체험할 수 있다.

BIZA-Defi는 규제 친화적이며, 동시에 기술적으로 완전한 탈중앙 금융 혁신의 길을 제시한다.

9
BizaPAY Wallet
─ Crypto Wallet 및 Web3 결제 허브

본 절은 BizaPAY Wallet이 Web3 생태계의 금융 중심 인프라로 작동하는 구조와 철학을 중심으로 다룬다.

BizaPAY Wallet은 가상자산의 보관·결제·스테이킹·보상·거버넌스를 통합한 Web3형 Crypto Wallet이다. BizaAuto MainNet 기반의 스마트 컨트랙트 보안 구조와 AI 위협 탐지 시스템을 통해 안전성과 프라이버시를 보장한다.

BizaPAY Wallet은 AI-ZIO, BIZA-INApp, BIZA-Defi 등과 연동되어 지능형 자산관리 및 복리 보상 기능을 제공하며, Web2 결제 환경과도 호환된다.

결국 BizaPAY Wallet은 AI·블록체인·탈중앙 철학이 융합된 Web3 금융 혁신의 완성체이자 생태계의 중심 허브이다.

BizaPAY Wallet의 개요

BizaPAY Wallet은 BizAuto Web3 생태계 전체를 연결하는 핵심 인프라로, 가상자산의 보관, 전송, 결제, 스테이킹, 보상을 모두 지원하는 통합형 Crypto Wallet이다.

이 지갑은 단순한 자산관리 도구를 넘어, AI-ZIO, BIZA-INApp, BIZA-Defi 등과 상호 연결되어 사용자의 모든 Web3 활동의 중심 허브로 작동한다.

기술적 기반과 보안 구조

BizaPAY Wallet은 BizAuto MainNet 기반으로 개발되었으며, 스마트 컨트랙트 서명, 로컬 개인키 저장, 복구 문구, 하드웨어 지갑 연동 등 다층적 보안 구조를 갖추고 있다.

또한 AI 기반의 위협 탐지 시스템이 탑재되어 실시간으로 악의적 행위를 차단한다. 이러한 보안 구조는 사용자의 프라이버시를 보호하면서도 거래의 무결성을 보장한다.

Web3 결제 허브로서의 역할

BizaPAY Wallet은 단순한 지갑을 넘어 Web3 결제 생태계의 허브 역할을 수행한다. 사용자는 Wallet 내에서 BIZA-INApp 결제를 즉시 수행할 수 있으며, AI-ZIO, BIZA-

CarnegieMall, BIZA-UVIT, BIZA-Metaversity, BIZA-MetaWorld 등에서 발생하는 모든 결제·보상 데이터를 실시간으로 관리할 수 있다.

이는 Web3 플랫폼 간 자산 이동의 경계를 허무는 통합 결제 시스템이다.

다중 네트워크 및 자산 호환성

BizaPAY Wallet은 현재 비즈오토(BizAuto), 이더리움(Ethereum), 폴리곤(Polygon) 등의 주요 블록체인 네트워크를 지원하며, 향후 비트코인(Bitcoin) 및 솔라나(Solana) 등도 추가 네트워크로 확장될 예정이다.

이 다중 네트워크 호환성은 사용자가 다양한 생태계 자산을 하나의 인터페이스에서 관리할 수 있게 한다. 즉, '하나의 지갑으로 모든 자산을 통합 관리하는' Web3의 실질적 구현이다.

BIZA-Defi 및 복리 보상 기능

BizaPAY Wallet은 BIZA-Defi 시스템과 직접 연동되어, Crypto Wallet 내 보유 코인에 대해 자동으로 복리 보상이 적용된다. 사용자는 별도의 스테이킹 과정 없이 Crypto Wallet에 보유 중인 코인의 수량과 기간에 따라 월 단위로 이자를 수령한다. 이는 '보유 자체가 투자'가 되는 새로운 형태의 사용자 중심 금융 구조이다.

AI와의 연동 – 지능형 자산 관리

BizaPAY Wallet은 AI와 연동되어 사용자의 거래 이력, 소비 패턴, 자산 이동을 분석하고 맞춤형 자산관리 리포트를 제공한다.

예를 들어, AI는 사용자의 투자 성향에 맞는 최적의 스테이킹 옵션이나 DeFi 프로그램을 추천할 수 있다. 이로써 Crypto Wallet은 단순한 보관 도구가 아니라 'AI 어드바이저형 지갑'으로 진화하고 있다.

Web2.0 결제 연계 기능

BizaPAY Wallet은 Web3 환경뿐 아니라 Web2 결제 환경과도 자연스럽게 연동된다. 스테이블코인 결제, 가맹점 QR 결제, NFC 결제 기능을 통해 현실 세계에서도 활용 가능하며, 기존 카드 결제 인프라와의 호환을 위해 BIZA-INApp과 결합되어 있다. 이로써 사용자는 블록체인 자산을 일상생활의 결제 수단으로 활용할 수 있다.

DAO 거버넌스 참여 및 보상

BizaPAY Wallet 보유자는 BizAuto MainNet 토큰을 통해 DAO 투표권을 행사할 수 있으며, 프로젝트 운영과 보상 정책 결정에 참여할 수 있다. 이 구조는 Crypto Wallet이 단순한 금융 도구를 넘어 '참여형 거버넌스 플랫폼'으로 기능하게 한다.

Web3 생태계의 중심 허브

BizaPAY Wallet은 BizAuto Web3 생태계의 모든 경제 활동의 출발점이자 종착점이다. 지갑이 곧 은행이고, 결제 수단이며, 보상 플랫폼이자 거버넌스 창구이다. AI와 블록체인, 그리고 탈중앙 철학이 융합된 이 Wallet은 Web3 금융 혁신의 실질적 완성체라 할 수 있다.

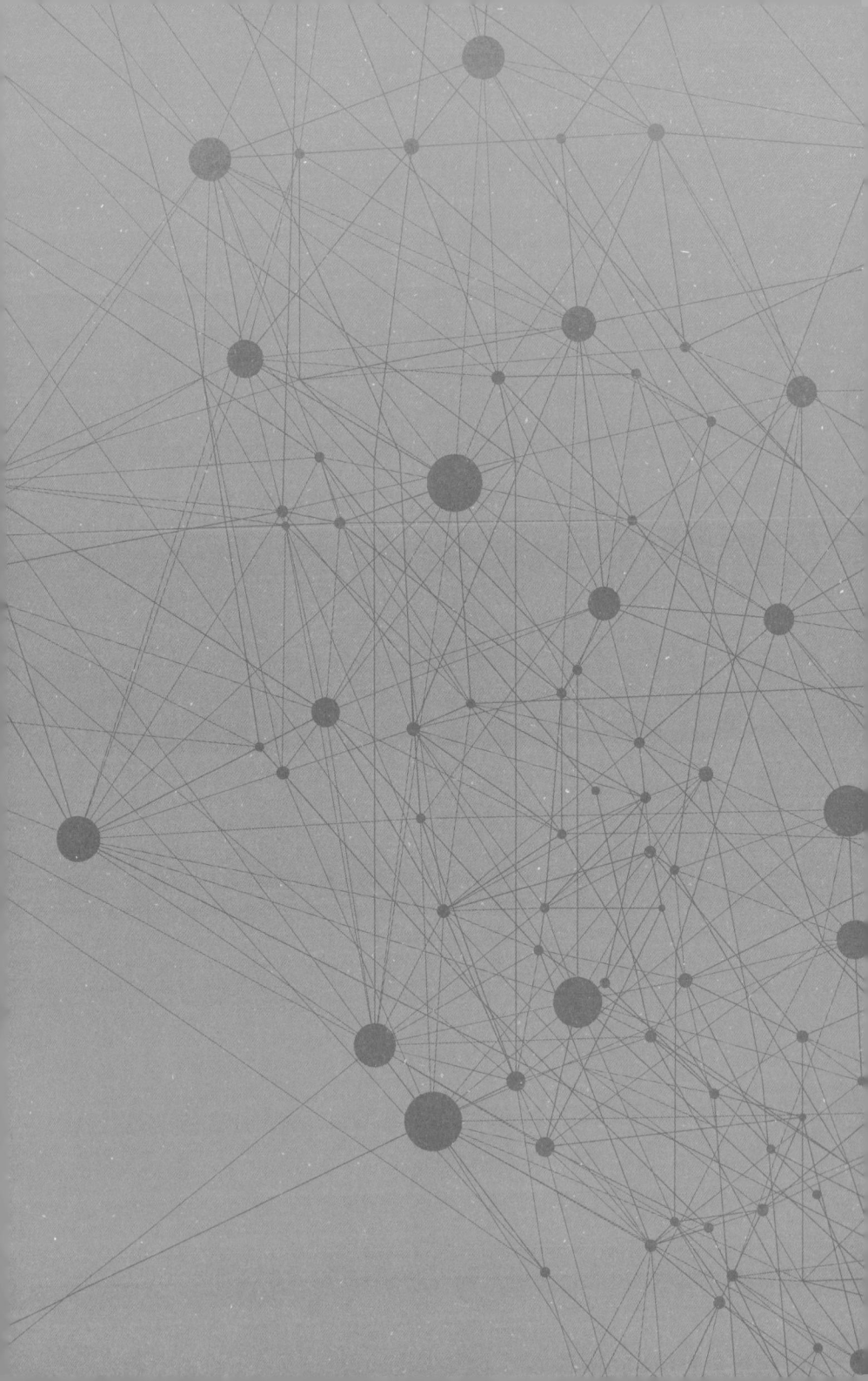

5장

AI-ZIO와
데이터 주권형 AI 생태계

1
AI-ZIO의 개념과 기술 구조

본 절은 AI-ZIO가 인공지능과 블록체인을 결합하여 지식의 가치를 사용자에게 환원하는 철학과 기술 구조를 중심으로 다룬다.

AI-ZIO는 사용자의 지식 기여를 블록체인에 기록하고 보상하는 세계 최초의 Web3 기반 AI 검색 플랫폼이다. PoKC 알고리즘을 통해 검색·대화·평가 등 지식 활동이 토큰으로 보상되는 순환형 데이터 경제 시스템을 형성한다.

AI-ZIO는 BizAuto MainNet 위에서 작동하며 AI·블록체인·DID 인증이 통합된 3단계 구조로 확장성과 신뢰성을 확보한다. 결국 AI-ZIO는 데이터 주권을 사용자에게 돌려주는 인간 중심의 지식 생태계이자 Web3 AI 혁명의 출발점이다.

AI-ZIO의 탄생 배경

AI-ZIO는 인공지능(AI)과 블록체인(Web3) 기술을 융합한 세계 최초의 지식 검색 및 데이터 경제 플랫폼이다. 기존의 검색엔진이 중앙 서버에서 정보를 통제하던 방식과 달리, AI-ZIO는 사용자의 지식 기여도를 블록체인에 기록함으로써 '데이터 주권'을 사용자에게 돌려주는 혁신적 구조를 가진다. 아멕스지는 AI-ZIO를 통해 'AI가 인간의 지식을 학습하고, 그 가치를 사용자에게 보상하는 순환경제 시스템'을 구현했다.

플랫폼 개요와 핵심 철학

AI-ZIO는 단순한 검색엔진이 아니라, 사용자의 지식 활동을 디지털 자산으로 전환하는 생태계다. 검색, 대화, 데이터 제공, 평가 등 모든 지식 활동은 PoKC(Proof of Knowledge Contribution) 알고리즘에 의해 평가되며, 그 결과가 토큰 형태로 사용자에게 보상된다. 이를 통해 사용자는 데이터 생산자가 아닌 '지식 자산가'로 전환된다.

AI-ZIO의 기술 구조

AI-ZIO는 크게 3단계 구조로 설계되어 있다. 1단계는 AI 검색엔진 계층으로, ChatGPT류 AI 모델을 기반으로 한 자연어 질의응답을 수행한다. 2단계는 블록체인 계층으로, 모든 데이터 교환·질문·답변·평가 기록이 BizAuto MainNet에 기록된다. 3단계는 보상 및 유통 계층으로, 사용자의 활동이 토큰화되어 환산된다. 이 3층 구조는 중앙집중형 AI와 탈중앙화 블록체인의 균형을 유지한다.

AI-ZIO의 데이터 처리 방식

AI-ZIO의 데이터 흐름은 '수집→검증→학습→보상' 단계로 순환된다. 사용자가 질의나 지식을 제공하면, AI는 이를 구조화하여 BizAuto 블록체인에 기록하고, PoKC 알고리즘으로 기여도를 평가한다. 이때 기록된 데이터는 AI 학습의 자원으로 활용되고, 시스템은 일정 주기에 따라 보상 토큰을 배분한다.

BizAuto MainNet과의 연동

AI-ZIO는 BizAuto MainNet 위에서 작동한다. DPoS(위임지분증명) 기반의 합의 알고리즘을 통해 검색 데이터와 사용자 활동이 빠르게 블록에 기록되며, 표준 포맷을 이용해 데이터 구조화가 자동으로 이루어진다. 이를 통해 AI-ZIO는 대규모 사용자 요청에도 높은 확장성과 안정성을 유지할 수 있다.

AI-ZIO의 차별화 요소

AI-ZIO의 가장 큰 혁신은 '사용자의 지식 활동이 경제적 가치로 전환되는 구조'다. 기존의 중앙집중형 AI 서비스는 데이터를 독점하지만, AI-ZIO는 데이터의 주권을 분산시킨다. 이 구조는 글로벌 데이터 독점 문제를 해결하고, 지식이 곧 자산이 되는 Web3 기반의 AI 생태계를 창출한다.

인간 중심 AI의 시작

AI-ZIO는 기술이 인간을 대체하는 것이 아니라, 인간의 지식 활동을 가치화하는 새로운 철학에서 출발했다. '지식의 소유와 기여가 곧 자산이 되는 세상'이라는 비전 아래, AI-ZIO는 전 세계 지식 생태계를 재편하게 될 것으로 기대된다.

2
PoKC(Proof of Knowledge Contribution) 합의철학

본 절은 PoKC(Proof of Knowledge Contribution)의 철학적 기원과 인간 중심 합의모델로서의 의미를 중심으로 다룬다.

PoKC는 AI와 블록체인의 융합 환경에서 사용자의 지식 활동을 증명하고 보상하는 새로운 합의철학이다. 기존 PoW·PoS가 연산력과 자본력 중심이었다면, PoKC는 인간의 지적 기여도와 창의성을 가치의 기준으로 삼는다. AI가 지식의 신뢰도와 창의성을 평가하고, 블록체인이 이를 검증하여 지식이 토큰으로 보상되는 구조를 형성한다.

결국 PoKC는 데이터 주권과 공정한 지식경제를 실현하는 Web3 시대의 '인간 중심 합의 모델'로 자리 잡는다.

PoKC 개념의 탄생

PoKC(Proof of Knowledge Contribution)는 아멕스지가 제시한 독창적인 합의철학으로, 블록체인과 인공지능의 융합 환경에서 사용자의 '지식 활동'을 증명하고 보상하기 위한 개념이다. 기존의 PoW(작업증명)나 PoS(지분증명)가 '연산력'과 '자본력'을 중심으로 했다면, PoKC는 인간의 '지적 기여도'를 중심으로 한 완전히 새로운 가치 측정 체계다.

기존의 합의 모델의 한계

PoW는 막대한 에너지 소비와 자원 낭비를 초래했으며, PoS는 부의 집중 문제를 야기했다. 이 두 모델이 기술적 효율성에는 기여했지만, 인간의 지식과 창의성을 측정하지는 못했다. Web3 시대의 철학은 단순히 자본이 아니라 '지식의 공정한 가치평가'로 이동해야 한다는 문제의식에서 PoKC가 탄생했다.

PoKC의 철학적 기반

PoKC는 인간 중심의 철학에 기초한다. AI-ZIO는 사용자의 검색, 질문, 답변, 피드백, 지식 생성 행위를 모두 블록체인에 기록하고, 이 기록을 통해 사용자가 얼마나 유의미한 지식 생산에 기여했는지를 평가한다. 즉, PoKC는 인간의 '사고와 경험'이 디지털상에서 경제적 가치로 환산되는 과정을 정의한다.

지식의 가치 측정 구조

PoKC는 AI 알고리즘과 블록체인 검증자가 함께 작동하는 이중 구조를 가진다. AI는 사용자의 입력을 분석해 신뢰도·정확도·창의성을 기준으로 점수를 산출하고, 블록체인은 이 데이터를 분산 검증하여 기여도가 위조되지 않도록 보장한다. 이후 점수는 토큰으로 전환되어 사용자의 Crypto Wallet으로 지급된다.

데이터 주권과 PoKC의 관계

PoKC는 단순한 보상 시스템이 아니라 '데이터 주권'을 실현하는 철학이다. 사용자는 자신이 제공한 지식 데이터의 소유자이며, AI-ZIO는 이를 블록체인상에서 자산화하여 제3자(플랫폼 운영자, 광고주 등)가 무단으로 사용할 수 없도록 한다. 결국 PoKC는 Web3 철학이 지향하는 '참여와 자율의 경제'를 실현하는 도구다.

PoKC와 기존의 블록체인 철학의 융합

PoKC는 단순히 새로운 알고리즘이 아니라, PoW·PoS 이후의 '제3의 합의철학'으로 평가된다. PoW가 '기계의 노동', PoS가

'자본의 참여'를 증명했다면, PoKC는 '인간의 지식'을 증명한다. 이로써 블록체인은 물리적 자산에서 지식 자산으로 확장되고, AI는 인간의 사고를 보상하는 동반자가 된다.

사회적 의미와 확장성

PoKC의 도입은 AI 시대의 '노동 개념'을 재정의한다. 지식 노동이 단순 소비가 아닌 '보상 가능한 생산 행위'로 인식되며, 이는 교육, 연구, 콘텐츠 산업 전반에서 공정한 경제 시스템으로 발전할 수 있다. AI-ZIO는 PoKC를 통해 '지식이 곧 경제'인 시대의 문을 열었다.

철학이 기술을 이끈다

PoKC는 단순한 기술이 아닌 철학적 선언이다. AI와 Web3의 결합은 기술이 아니라 인간의 가치에서 출발해야 하며, PoKC는 그 철학을 실현하는 첫 번째 모델이다. AI-ZIO는 인간의 지식이 곧 화폐가 되는 세상을 향해 나아가고 있다.

3
AI와 Web3의 융합 원리

본 절은 AI와 Web3의 융합이 기술을 넘어 인간 중심의 디지털 질서를 재구성하는 철학적 혁신임을 다룬다.

AI-ZIO는 사용자가 제공한 데이터를 AI가 학습하고, 그 가치를 다시 사용자에게 보상하는 순환형 구조를 구현했다. 분산형 AI 학습(Federated AI)과 블록체인 기록을 통해 데이터 신뢰성, 프라이버시, 투명성을 동시에 확보한다. AI와 스마트 컨트랙트의 결합으로 지식 기여도 산정부터 토큰 보상까지 자동화된 경제 시스템이 완성된다. 결국 AI-ZIO는 AI의 효율성과 Web3의 신뢰성을 결합하여 기술을 인간화한 새로운 지식경제 패러다임을 제시한다.

AI와 Web3의 융합 개념

AI와 Web3의 융합은 단순한 기술적 결합이 아니라, 인간 중심의 새로운 디지털 질서 구축을 의미한다. AI는 데이터를 기반으로 학습하고 예측을 수행하지만, 데이터의 소유권은 기존 시스템에서 중앙화된 기관에 있었다. Web3는 블록체인을 통해 데이터를 분산 저장하고, 사용자에게 소유권을 돌려준다.

AI-ZIO는 이 두 기술을 결합하여 '사용자가 제공한 데이터로 AI가 학습하고, 그 가치를 사용자에게 환원하는 순환 구조'를 만든다.

AI의 한계와 Web3의 보완성

기존의 AI 시스템은 대량의 데이터를 수집하되, 그 과정에서 개인의 프라이버시와 데이터 주권을 침해했다. Web3는 탈중앙화된 데이터 관리 구조를 통해 이러한 문제를 해결할 수 있다.

AI-ZIO는 사용자가 직접 관리하는 데이터를 안전하게 보관하며, 해당 데이터는 블록체인에 기록되어 투명하게 추적 가능하다. 따라서 AI와 Web3의 융합은 기술 신뢰성뿐 아니라 윤리적 투명성을 확보하는 과정이기도 하다.

데이터 신뢰성과 분산 학습 구조

AI-ZIO는 중앙 서버 기반의 학습이 아닌 '분산형 AI 학습(Federated AI)' 구조를 채택했다. 이는 사용자의 디바이스나 로컬 환경에서 학습이 이루어지고, 결과값만 블록체인에 기록되는 방식이다. 이 방식은 데이터 유출 위험을 최소화하며, 개인의 프라이버시를 보호한다. 또한 모든 학습 데이터의 무결성이 블록체인을 통해 보장되어, AI의 신뢰성과 공정성이 유지된다.

AI와 스마트 컨트랙트의 결합

AI-ZIO의 가장 큰 혁신은 AI와 스마트 컨트랙트를 결합한 자동화 구조다. AI는 사용자의 활동 데이터를 분석하여 '지식 기여도'를 계산하고, 스마트 컨트랙트는 그 결과를 자동으로 블록체인에 기록하고 토큰 보상을 실행한다. 이로써 인간의 인풋(지식 활동)이 AI에 의해 해석되고, 블록체인 시스템에 의해 보상되는 완전한 자동화 경제가 구현된다.

AI-ZIO의 윤리적 설계

AI-ZIO는 인간의 가치와 윤리를 중심에 둔 AI 생태계를 설계했다. 데이터는 익명화되어 저장되며, AI의 의사결정 과정은 블록체인상에서 투명하게 검증된다. 이는 'AI의 결정이 누구의 이익을 위해 작동하는가?'라는 근본적 질문에 대한 기술적 해답이다. AI-ZIO는 인류가 통제할 수 있는 AI, 그리고 공정한 데이터 사회를 지향한다.

AI-ZIO의 기술적 구조적 혁신

AI-ZIO는 BizAuto MainNet 기반의 DPoS 합의 알고리즘과 데이터 표준을 사용하여 AI 모델의 학습 결과를 표준화된 데이터 포맷으로 블록체인에 저장한다. 이를 통해 AI의 학습과 Web3의 거래가 동일한 구조에서 상호 작동하며, AI의 모든 판단과 데이터 흐름이 검증 가능한 '온체인(On Chain) 프로세스'로 관리된다.

AI와 Web3 융합의 사회적 의미

AI와 Web3의 결합은 기술 산업을 넘어 사회경제적 패러다임의 전환을 의미한다. 이 구조를 통해 데이터의 생산자와 소비자, 그리고 AI 시스템이 동일한 생태계 안에서 공존하게 된다. AI는 더이상 인간을 지배하는 기술이 아니라, 인간의 지식과 협력하는 '동반자'로 자리매김한다.

기술의 인간화

AI와 Web3의 융합은 기술을 인간 중심으로 되돌리는 혁신이다. AI-ZIO는 AI의 효율성과 Web3의 신뢰성을 결합하여, 인간이 데이터의 주체로 참여하는 새로운 경제 질서를 설계했다. 이는 기술의 진보가 아니라, 철학이 기술을 인도하는 과정의 완성이다.

4
ZIOW 토큰의 기능과 역할

본 절은 ZIOW 토큰이 AI-ZIO 생태계의 핵심 동력으로서 수행하는 보상·결제·거버넌스 기능을 중심으로 다룬다.

ZIOW는 BizAuto MainNet 기반의 유틸리티 토큰으로, AI-ZIO의 지식 활동을 경제적 가치로 환원하는 핵심 수단이다.

PoKC 알고리즘에 따라 사용자의 지식 기여도가 ZIOW로 보상되어 BizaPAY Wallet을 통해 다양한 플랫폼에서 결제 가능하다.

또한 DAO 거버넌스 참여와 BIZA-DeFi 복리 보상 구조를 통해 사용자 주도형 생태계를 실현한다.

결국 ZIOW는 지식이 곧 화폐가 되는 Web3·AI 융합 경제의 상징적 가치를 갖는 토큰이다.

ZIOW 토큰의 개요

BizAuto MainNet 기반의 토큰인 ZIOW는 AI-ZIO 생태계의 핵심 동력으로, 지식 활동의 보상과 결제, 거버넌스 참여를 담당하는 유틸리티 토큰이며, AI-ZIO 플랫폼 내에서 보상·결제·DAO 참여 기능을 수행한다.

BizAuto 메인넷을 기반으로 하는 이 토큰은 상호 교환 및 확장이 가능한 구조로, Web3 생태계와 AI 데이터 경제를 연결하는 교량 역할을 한다.

ZIOW 토큰의 차별성과 연동 구조

BizAuto MainNet 기반의 토큰 ZIOW는 글로벌 거래소에서 유통되며, BizAuto 네트워크를 기반으로 높은 유동성과 접근성을 가진다. BizAuto MainNet에서 발행되어, 보다 안전하고 규제 친화적인 온체인(On Chain) 운영을 목표로 한다.

AI-ZIO의 활동 보상으로 지급되며, 글로벌 유통 시장에서 활용된다. 이 구조는 AI-ZIO의 지식경제를 지역과 네트워크의 경계를 넘어 확장시킨다.

ZIOW의 보상 및 결제 기능

BizAuto MainNet 기반의 토큰 ZIOW는 AI-ZIO에서 발생하

는 모든 경제 활동의 결제 단위로 사용된다. 사용자는 검색, 대화, 데이터 제공 등의 지식 활동을 통해 PoKC 기반의 점수를 획득하고, 해당 점수는 ZIOW 토큰으로 전환되어 BizaPAY Wallet에 적립된다.

이후 BizaPAY Wallet 내에서 ZIOW는 Web3 P2P 쇼핑(BIZA-CarnegieMall) 등 다양한 플랫폼에서 결제 수단으로 사용 가능하다.

DAO 참여 및 거버넌스 기능

ZIOW 토큰은 단순한 결제 수단을 넘어, DAO 거버넌스의 핵심 참여 도구로 활용된다. 토큰 보유자는 플랫폼 내 주요 정책(보상률, 수수료, 생태계 펀드 운용 등)에 대한 투표권을 가지며, AI-ZIO의 발전 방향에 직접 영향을 미칠 수 있다. 이러한 DAO 구조는 AI 생태계가 특정 기관이 아닌 '사용자 공동체'에 의해 운영되도록 설계되어 있다.

복리형 보상 시스템과 DeFi 구조

ZIOW는 BizaPAY Wallet 내의 보유량과 기간에 따라 복리 이자 형태의 DeFi 보상을 제공한다. 이는 재단이 사용자 자산을 별도로 보유하지 않는 안전한 구조로 설계되었으며, 지갑에 코인을 예치하면 일정 조건에 따라 자동 복리 보상이 Wallet으로 지급된다.

이 구조는 투명성, 안정성, 규제 준수를 동시에 충족시키며 BIZA-DeFi의 혁신적 모델로 작용한다.

AI-ZIO 데이터 경제 내 역할

ZIOW는 AI-ZIO의 데이터 거래와 지식경제의 핵심 인프라다. 사용자는 자신의 지식 데이터를 자산화하고, AI-ZIO 내의 데이터 마켓에서 이를 거래할 수 있다. 이 과정에서 결제 및 수익 배분은 모두 ZIOW 기반으로 진행되며, 블록체인 스마트 컨트랙트에 의해 자동 처리된다.

토큰이 아닌 지식 가치의 화폐

ZIOW는 단순한 코인이 아니라, 인간의 지식과 데이터 기여를 화폐로 전환하는 매개체다.

AI-ZIO 생태계는 이 토큰 구조를 통해 지식의 경제화를 실현하며, 인간의 사고와 경험이 곧 디지털 자산으로 환원되는 새로운 패러다임을 만들어간다. 이는 기술 중심의 코인이 아닌 '인간 중심의 가치 화폐'로서 Web3와 AI 시대의 본질적 혁신을 상징한다.

5
데이터 경제의 새로운 가치사슬

본 절은 AI-ZIO가 제시하는 탈중앙화 데이터 경제의 철학과 구조적 혁신을 중심으로 다룬다.

AI-ZIO는 데이터의 소유권과 경제적 가치를 개인에게 돌려주는 '지식 기반 경제' 모델을 실현한다. PoKC 알고리즘을 통해 사용자의 지식·활동 데이터를 자산화하고 투명하게 거래할 수 있다. AI와 블록체인은 상호 보완적으로 작동하여 데이터의 생성·평가·보상이 순환되는 구조를 완성한다. 결국 AI-ZIO의 데이터 경제는 데이터 주권을 회복하고, 인간의 지식을 지속 가능한 자산으로 전환하는 새로운 패러다임을 제시한다.

데이터 경제의 도래

21세기의 자원은 석유가 아니라 데이터라고 불린다. 그러나 기존의 데이터 경제는 중앙화된 기업이 데이터를 수집하고 독점하는 구조였다. AI-ZIO는 이러한 불균형을 깨고, 데이터의 생산자이자 소유자인 개인에게 경제적 권리를 돌려주는 새로운 모델을 제시한다. 이는 단순히 데이터의 거래를 의미하는 것이 아니라, 인간의 지식과 활동이 곧 경제적 자산이 되는 '지식 기반 경제(knowledge-based economy)'의 구현이다.

데이터 가치의 정의

AI-ZIO는 데이터의 가치를 '정보의 희소성'과 '활용도의 상호작용'으로 측정한다. 즉, 단순히 많은 데이터를 보유하느냐가 아니라, 얼마나 유의미한 데이터를 생성하고 이를 다른 사용자가 어떻게 활용하느냐가 핵심이다.

이 구조에서 데이터는 단순한 자원이 아니라 '생산적 자산'으로 전환된다. PoKC 알고리즘은 이러한 데이터를 평가하고 토큰화하여 경제적 가치로 전환하는 역할을 수행한다.

지식 자산화 구조

AI-ZIO는 사용자의 지식 데이터를 디지털 자산으로 변환할 수 있는 시스템을 제공한다. 이는 사용자의 질문, 답변, 연구, 콘텐츠 등이 고유한 디지털 자산으로 등록되어, 그 소유권과 거래 이력이 블록체인에 기록되는 구조다. 이 과정에서 AI-ZIO는 사용자가 생성한 데이터에 대한 원저작자임을 명확히 증명하며, 데이터 유통과정에서 발생하는 모든 경제적 보상을 투명하게 관리한다.

데이터 유통과 거래의 혁신

AI-ZIO 생태계에서는 데이터 거래가 스마트 컨트랙트에 의해 자동으로 실행된다. 데이터를 제공한 사용자는 거래가 성사될 때마다 일정 비율의 보상을 받고, 데이터를 활용한 AI 시스템 역시 그 사용 내역이 블록체인에 기록된다. 이로써 데이터 거래의 투명성과 신뢰성이 확보되며, 중개자 없는 직접 거래(P2P Data Market)가 실현된다.

데이터의 사회적 가치와 윤리성

AI-ZIO의 데이터 경제는 단순한 거래를 넘어 사회적 가치 창출을 목표로 한다. 데이터는 공공재적 성격을 가지므로, AI-ZIO는 '공유된 지식 자산'이라는 철학적 기반 위에서 작동한다. 이는 데이터가 사적 소유의 도구가 아니라, 집단적 발전의 자원임을 의미한다.

또한 AI-ZIO는 데이터의 사용 이력과 출처를 명확히 기록함으로써, 데이터 도용 및 편향 문제를 방지한다.

AI와 블록체인의 상호 보완 구조

AI는 데이터를 학습하여 새로운 가치를 창출하고, 블록체인은 그 가치를 검증하고 보관한다. AI-ZIO는 이 두 기술을 통해 데이터의 생산-평가-보상 과정을 완전한 순환 구조로 만든다. 이는 단순한 기술 융합이 아니라, 데이터가 생성되는 순간부터 그 가치가 보장되는 새로운 경제 질서의 탄생이다.

데이터 경제의 지속가능성

AI-ZIO는 개인의 데이터 제공이 일시적 보상으로 끝나지 않도록, 데이터의 생명주기를 설계했다. AI가 해당 데이터를 반복적으로 학습하거나 재활용할 때마다, 원 데이터 제공자에게 자동으로 보상이 돌아가는 '지속적 보상 구조'를 도입했다. 이 모델은 사용자의 데이터 기여를 장기적 자산으로 전환시켜, 지속 가능한 데이터 생태계를 구축한다.

데이터는 인간의 자산이다

AI-ZIO의 데이터 경제는 인간이 생산한 모든 지식과 경험이 가치로 환원되는 사회를 지향한다. 이는 단순히 경제 시스템의 혁신이 아니라, '데이터 주권'이라는 인간의 기본권을 회복하는 운동이다. AI-ZIO는 데이터를 소유와 거래의 대상이 아닌, 인간 중심 문명의 새로운 에너지로 전환시킨다.

6
AI-ZIO의 보상 메커니즘

본 절은 AI-ZIO가 인간의 지식 기여를 경제적 가치로 환원하는 지식경제형 보상 구조를 다룬다.

PoKC 알고리즘을 기반으로 사용자의 지식 활동(검색, 대화, 콘텐츠 생산 등)을 정량화해 ZIOW 토큰으로 보상한다. 보상은 지속형·누적형·공유형의 다층 구조로 설계되어, 단순한 보상에서 협력형 생태계로 확장된다. AI-ZIO는 AI가 인플레이션을 방지하기 위해 보상량을 동적으로 조정한다.

결국 AI-ZIO는 인간의 사고와 창의성을 자산으로 인정하는 철학적 Web3 보상 시스템을 구현한다.

AI-ZIO의 보상 구조 개요

AI-ZIO의 보상 메커니즘은 단순한 토큰 분배 시스템이 아니라, 인간의 지식 기여를 평가하고 경제적 가치로 환원하는 지식경제 인프라이다. 이 구조는 PoKC(Proof of Knowledge Contribution) 알고리즘을 중심으로 작동하며, 사용자의 활동 데이터를 정량화하고 토큰(ZIOW) 형태로 보상한다. 보상의 기준은 단순한 양적 활동이 아니라, 데이터의 질, 기여의 지속성, 상호작용의 깊이에 따라 가중치가 부여된다.

PoKC 기반의 보상 알고리즘

PoKC는 기존의 PoW(작업증명)나 PoS(지분증명)과 달리, '지식의 기여도'를 평가하는 합의 모델이다. AI-ZIO는 사용자의 검색, 대화, 콘텐츠 생산, 피드백 등 모든 지식 활동을 블록체인에 기록하고, AI 분석을 통해 기여도를 점수화한다. 이 점수는 PoKC Score로 표현되며, 토큰 보상량을 결정하는 핵심 요소로 작용한다. 즉, AI-ZIO의 보상은 인간의 지적 활동이 곧 경제적 생산성이 되는 구조이다.

보상 절차의 단계별 흐름

AI-ZIO의 보상 프로세스는 다음 네 단계를 따른다:

① 데이터 생성: 사용자가 검색, 입력, 질문, 피드백 등의 활동을 수행.

② 데이터 검증: AI-ZIO 알고리즘이 해당 활동의 유효성과 독창성을 평가.

③ PoKC 산출: 기여도 점수(PoKC Score)를 계산하여 블록체인에 기록.

④ 토큰 지급: 자동화된 스마트 컨트랙트가 ZIOW를 BizaPAY Wallet으로 전송.

이 모든 과정은 중앙 관리 없이 자동으로 실행되며, 투명성과 신뢰성을 동시에 확보한다.

보상의 다층 구조

AI-ZIO의 보상 시스템은 단일 보상 외에도 '지속형', '누적형', '공유형' 세 가지 계층으로 구성되어 있다.

① 지속형 보상: 장기적으로 일정 수준 이상의 활동을 유지하는 사용자를 대상으로 추가 보상을 제공.

② 누적형 보상: 일정 기간 동안 축적된 기여도가 일정 기준을 초과하면 추가 이율 형태의 토큰을 지급.

③ 공유형 보상: 사용자가 다른 사용자에게 긍정적 영향을

미친 경우, 그 기여가 상호 연동되어 보상.

이 구조는 AI-ZIO의 생태계 참여를 단순한 '보상형 시스템'에서 '협력형 생태계'로 진화시킨다.

BIZA-DeFi와의 연동

AI-ZIO의 보상 시스템은 BizaPAY Wallet을 기반으로 한 BIZA-DeFi와 긴밀히 연동된다. 사용자가 보상을 받은 ZIOW를 BizaPAY Wallet에 보관할 경우, 일정 조건을 충족하면 자동 복리형 이자 형태의 추가 보상을 받는다. 이 구조는 재단이 직접 자산을 보유하지 않고, 스마트 컨트랙트를 통해 자율적으로 운영된다.

따라서 규제 리스크를 최소화하면서도 안전하고 지속적인 수익을 제공한다.

AI 기반의 보상 조정 메커니즘

AI-ZIO는 생태계 내 토큰 인플레이션을 방지하기 위해 AI 기반의 보상 조정 시스템을 도입했다. 플랫폼의 전체 활동량, 사용자 수, 토큰 유통량 등을 실시간 분석하여 보상량을 동적으로 조정한다. 이를 통해 토큰의 가치가 장기적으로 안정되며, 보상의 공정성과 생태계의 지속가능성이 유지된다.

커뮤니티 보상 및 DAO 기여 인센티브

AI-ZIO의 보상 구조는 개인의 활동뿐만 아니라, DAO 및 커뮤니티 기여도에 대해서도 인센티브를 제공한다. DAO 투표 참여, 거버넌스 제안, 콘텐츠 큐레이션, 글로벌 홍보 활동, NFT 보유 등 다양한 참여가 포괄적으로 평가된다. 이로써 AI-ZIO는 단순한 플랫폼을 넘어 '참여형 사회경제 시스템'으로 확장된다.

인간 지식의 가치를 보상하는 시스템

AI-ZIO의 보상 메커니즘은 기술보다 철학이 앞선 구조다. 이는 인간의 사고와 창의성이 단순한 데이터가 아니라, 실질적 자산으로 평가받는 시대를 열었다. AI-ZIO는 블록체인과 AI를 통해 인간의 지식이 곧 화폐가 되는 세계를 구현하고 있다.

7
AI 데이터 마켓과 DAO 거버넌스 구조

본 절은 AI-ZIO가 구축한 탈중앙형 AI 데이터 마켓과 DAO 거버넌스 구조를 중심으로 다룬다.

AI-ZIO 데이터 마켓은 사용자가 자신의 데이터를 등록·거래하며 보상을 받는 블록체인 기반의 지식 시장이다. 모든 거래는 스마트 컨트랙트로 자동 실행·정산되어 투명성과 신뢰성을 확보한다.

DAO 거버넌스는 토큰 보유자의 투표와 참여로 운영되며, 기여도에 따라 ZIOW 보상이 지급된다. 결국 AI-ZIO는 데이터의 민주화와 집단지성 기반의 지식 자율경제를 실현하는 글로벌 플랫폼이다.

AI 데이터 마켓의 등장 배경

AI 시대의 핵심 자산은 데이터이다. 그러나 기존 데이터 시장은 중앙집중형 플랫폼에 의해 통제되어, 데이터 생산자와 사용자 간의 불균형이 지속되었다. AI-ZIO는 이러한 문제를 해결하기 위해 'AI 데이터 마켓'을 도입했다.

이 시장은 사용자가 자신의 데이터를 직접 등록·관리하고, 필요에 따라 거래할 수 있는 탈중앙형 구조로 설계되었다. 즉, AI-ZIO는 데이터의 민주화를 실현하는 최초의 블록체인 기반 지식 마켓이다.

데이터 거래의 스마트 컨트랙트 구조

AI-ZIO 데이터 마켓의 거래는 전적으로 스마트 컨트랙트를 통해 자동화된다. 데이터를 제공하는 사용자는 거래 조건을 설정하고, AI 혹은 다른 사용자가 해당 데이터를 활용할 때마다 스마트 컨트랙트가 즉시 보상을 실행한다.

이 모든 거래 내역은 블록체인에 투명하게 기록되어 위·변조가 불가능하다. 이를 통해 AI-ZIO는 데이터 거래의 신뢰성과 투명성을 동시에 확보했다.

AI-ZIO 데이터 마켓의 기능적 특징

AI-ZIO 데이터 마켓은 다음과 같은 기능적 혁신을 제공한다:

① 지식 검색과 데이터 매칭: AI 알고리즘이 수요자와 공급자의 데이터를 자동으로 매칭.

② 자동 정산 시스템: 거래 즉시 ZIOW 토큰으로 정산되어 Wallet에 반영.

③ 데이터 추적성: 사용 이력, 저작자 정보, 기여 내역이 블록체인에 영구히 기록.

이러한 구조는 데이터 자산화와 공정 거래를 가능하게 한다.

DAO 거버넌스의 설계 철학

AI-ZIO 생태계의 핵심 운영원리는 'DAO(Decentralized Autonomous Organization)'에 있다. DAO는 중앙집권적 운영자가 존재하지 않으며, 플랫폼의 주요 보상 정책은 모두 토큰 보유자들의 투표를 통해 결정된다. 이는 플랫폼의 권한을 재단에서 사용자에게 이양하는 구조로, 진정한 탈중앙화를 실현한다.

AI-ZIO의 DAO는 '지식의 민주화'를 제도적으로 구현하는 시스템이라 할 수 있다.

투표·참여·보상 구조의 상호작용

AI-ZIO DAO에서는 모든 참여가 경제적 가치로 연결된다. 사용자는 토큰을 보유함으로써 투표권을 가지며, 제안 또는 의결 과정에 참여할 수 있다. 활동 내용에 따라 기여 점수가 부여되고, 이에 따른 보상이 ZIOW 형태로 지급된다. 이 구조는 단순한 거버넌스 참여를 넘어, '참여가 곧 수익'이 되는 새로운 사회적 합의 모델을 제시한다.

글로벌 데이터 커뮤니티로의 확장

AI-ZIO는 국경을 초월한 데이터 커뮤니티를 구축하고 있다. 전 세계의 사용자들이 자신이 보유한 데이터를 등록하고, AI 모델 개발자와 연구기관이 이를 활용할 수 있다.

또한 데이터 기여자는 거래나 활용 결과에 따라 지속적인 수익을 얻는다. 이로써 AI-ZIO는 단순한 플랫폼을 넘어, 전 세계 지식이 연결되는 '글로벌 데이터 네트워크'로 발전하고 있다.

DAO 거버넌스의 기술적 구조

AI-ZIO의 DAO는 스냅숏(Snapshot) 투표 시스템과 Guild.xyz 기반의 역할 부여 메커니즘을 채택할 수 있다. 각 사용자는 질리 퀘스트(Zealy Quest)나 구글 폼(Google Form)을 통해 DAO 멤버로 등록할 수 있으며, 스마트 컨트랙트를 통해 역할(Role) 및 권한이 자동 부여된다. 이 구조는 참여의 효율성과 관리의 투명성을 동시에 강화한다.

집단지성에 의한 지식경제 운영

AI-ZIO 데이터 마켓과 DAO 거버넌스는 기술과 철학의 결합체다. 데이터의 생성, 검증, 거래, 보상, 거버넌스가 하나의 생태계 안에서 유기적으로 작동하며, 모든 참여자가 주체로서 공정한 가치를 창출한다. AI-ZIO는 인류의 지식을 집단지성의 형태로 운영하는 최초의 '지식 자율경제 시스템'이다.

8
글로벌 AI 지식 생태계로의 확장

본 절은 AI-ZIO가 구축하려는 글로벌 지식 생태계의 비전과 확장 전략을 다룬다.

AI-ZIO는 AI·블록체인·데이터 경제를 융합해 국경과 언어의 한계를 초월하는 글로벌 지식 네트워크를 목표로 한다. 글로벌 DAO 구조를 통해 각 지역 커뮤니티가 자율적으로 운영되며, 지역 규제와 문화적 차이를 반영한 분산 거버넌스를 실현한다. AI-ZIO는 국제 AI 연구기관·산업 파트너와 협력해 다국어 지식 통합 및 윤리적 AI 표준화를 추진한다.

결국 AI-ZIO는 전 세계 인류의 지식을 연결하고 공정하게 보상하는 '지식 순환경제'의 글로벌 플랫폼으로 발전하고 있다.

AI-ZIO의 글로벌 확장 비전

AI-ZIO는 단순히 하나의 플랫폼이 아니라, 전 세계 지식경제를 연결하는 '글로벌 지식 생태계(Global Knowledge Ecosystem)'를 목표로 한다. 이 생태계는 AI, 블록체인, 데이터 경제를 융합하여 지식이 국가, 언어, 산업의 경계를 넘어 자유롭게 유통될 수 있도록 설계되었다.

AI-ZIO는 이를 통해 인간의 지식이 국경을 초월해 자산화되고, 각 개인이 데이터 경제의 주체로 참여할 수 있는 시대를 연다.

글로벌 참여자 구조

AI-ZIO 생태계는 개인 사용자, 기업, 교육기관, 정부기관 등 다양한 참여자로 구성된다. 개인은 자신의 지식 데이터를 공유하고, 기업은 이를 활용해 새로운 AI 모델을 개발한다. 교육기관은 AI-ZIO를 통해 글로벌 지식 자원을 교육 콘텐츠로 전환할 수 있으며, 정부기관은 공공 데이터의 투명한 관리와 활용을 위한 인프라로 AI-ZIO를 채택할 수 있다. 이처럼 AI-ZIO는 다층적 이해관계자가 공존하는 '탈중앙화 지식 연합체'다.

AI 언어모델과의 국제 협업

AI-ZIO는 오픈AI, 구글 딥마인드(Google DeepMind), 앤트로픽(Anthropic) 등 글로벌 AI 연구기관과 협력 가능한 구조로 설계되어 있다. 특히 표준화된 데이터 구조는 다양한 AI 모델 간 데이터 상호운용성을 보장한다.

이를 통해 AI-ZIO는 글로벌 AI 네트워크의 일부로 통합될 수 있으며, 각 국가와 기업이 생산한 데이터 자산을 글로벌 AI 모델의 학습 자원으로 공유할 수 있다.

다국어 지식 생태계의 확장

AI-ZIO는 다국어 지원 AI 검색 엔진으로, 영어·한국어·일어·중국어·스페인어 등 주요 언어를 기반으로 학습된다. 이를 통해 각 언어권의 지식이 상호 번역·통합되어 글로벌 지식 네트워크로 축적된다.

결과적으로 AI-ZIO는 언어 장벽을 허물고, 인류의 집단 지식을 하나의 공통 자산으로 전환한다.

글로벌 DAO 구조와 지식 거버넌스

AI-ZIO의 글로벌 확장은 DAO 기반의 거버넌스 구조를 통해 이루어진다. 각 지역 커뮤니티는 독립적 DAO로 운영되며, 지역에 특화된 데이터 규제나 문화적 차이를 고려해 자율적으로 의사결정을 내린다. 이 DAO들은 글로벌 AI-ZIO 재단의 합의 시스템을 통해 상호 연결되어, '지역 자율+글로벌 협력'이라는 분산 거버넌스 모델을 실현한다.

국제 협력 프로젝트와 파트너십

AI-ZIO는 Web3, AI, 교육, 헬스케어, 바이오 등 다양한 산업 분야에서 글로벌 파트너십을 추진 중이다. 특히 BIZA-CarnegieMall, BIZA-UVIT, BIZA-Metaversity, BIZA-MetaWorld 등의 BizAuto Web3 플랫폼들과 연동되어 AI 기반의 유통, 교육, 예술, 바이오 생태계가 유기적으로 연결된다. 이는 단일 산업이 아닌 'AI+Web3 종합 생태계'로서의 확장성을 보여준다.

AI 윤리와 국제 표준화

AI-ZIO는 글로벌 확장 과정에서 윤리적 AI 운영을 위한 국제 표준화를 병행한다. 데이터의 프라이버시 보호, 알고리즘 편향 방지, AI 의사결정의 투명성 확보는 필수적 가치로 설정되어 있다. 이를 위해 AI-ZIO는 ISO, IEEE, W3C 등 국제 표준화 기구와 협력하여, Web3 기반 AI 생태계의 글로벌 윤리 기준 수립을 선도할 것이다.

지식의 글로벌 순환경제

AI-ZIO의 글로벌 생태계는 인간의 지식이 단일 플랫폼에 종속되지 않고, 세계 각지의 참여자에 의해 생성되고 공유되는 '순환형 지식경제'를 구현한다. 이 모델은 인류의 지적 자산이 AI를 통해 확장되고, 블록체인이 이를 공정하게 분배함으로써 '지식의 민주화'라는 인류적 가치를 실현한다.

6장
ZIOW 토큰 이코노미 구조

1
토큰 발행 구조 및 유통 모델

본 절은 ZIOW 토큰의 발행 구조, 분배 원칙, 그리고 DAO 기반 유통 모델을 중점적으로 다룬다.

ZIOW는 BizAuto MainNet 기반으로 발행된 BizAuto 생태계의 핵심 유틸리티 토큰으로, 결제·보상·거버넌스·스테이킹 기능을 수행한다.

유통은 DAO 기반의 스마트 컨트랙트를 통한 분산형 참여 보상 모델로 운영되며, 인플레이션 방지를 위해 일부 락업 정책이 적용된다. 결국 ZIOW는 '참여가 곧 가치이고, 가치가 곧 보상'이라는 Web3 철학을 구현한 탈중앙화 경제 시스템의 핵심 토큰이다.

토큰 개요

ZIOW는 BizAuto MainNet을 기반으로 발행된 토큰 구조이다. ZIOW는 AI-ZIO의 초기 확장 및 글로벌 유통 중심 토큰으로, DAO 보상과 생태계 확장을 지원하며, ZIOW는 이후 BizAuto 메인넷 기반으로 완전한 탈중앙화와 경제적 자립을 목표로 설계되었다.

ZIOW 토큰은 상호 전환이 가능한 구조로, BizAuto 생태계 전반에 걸쳐 결제, 보상, 거버넌스, 스테이킹 등 다양한 기능을 수행한다.

발행 구조

ZIOW의 총발행량은 각각 100억 개로 설정되어 있으며, 다음과 같이 분배된다:

- DAO 및 커뮤니티 보상.
- 파트너십 및 마케팅 펀드.
- 개발 및 운영 리저브.
- 초기 투자 및 유동성 공급.
- 재단 및 전략적 제휴.

이 비율은 토큰의 장기적인 생태계 확장성과 DAO 거버넌스 참여를 극대화하기 위한 전략적 구조다.

유통 모델

ZIOW의 유통 모델은 DAO 기반의 분산 유통을 원칙으로 한다. 각 토큰은 중앙화된 발행 주체가 아닌 스마트 컨트랙트에 의해 일정 주기마다 DAO 의결을 통해 배분된다. 이 구조는 DAO 참여자의 활동(퀘스트, 스테이킹, 프로젝트 기여도 등)에 따라 토큰이 보상되는 '참여형 분배 모델'을 실현한다.

또한, 유통 속도를 제어하기 위해 ZIOW의 초기에는 DAO 락업 풀에 예치되어 있으며, ZIOW 유통 시기에는 단계별 유통 정책이 적용된다. 이는 유통 과잉에 따른 인플레이션을 방지하고, DAO 펀드의 지속성을 보장하는 장치다.

DAO 참여형 배분 메커니즘

토큰 분배는 질리 퀘스트(Zealy Quest), 스테이킹, AI-ZIO 활동 기여, 텔레그램 미니앱 등 Web3 행동 데이터에 기반한 PoP(Proof-of-Participation, 참여증명) 모델을 따른다. 참여자는 AI-ZIO 플랫폼 내 활동 데이터(지식 생산, 검색, 평가 등)를 통해 ZP 포인트를 획득하고, 이 포인트는 스마트 컨트랙트를 통해 자동으로 ZIOW로 변환된다.

이러한 구조는 사용자의 참여 자체가 경제 활동이 되는 '지식 기반 경제 구조(Proof of Knowledge Contribution)'를 실현한다.

참여가 곧 가치이며, 가치가 곧 보상

ZIOW의 발행과 유통은 단순한 토큰 공급 체계가 아니라, DAO 거버넌스와 철학적 경제 원리를 결합한 새로운 가치 순환 시스템이다. 이는 BizAuto Web3 생태계의 핵심 철학인 '참여가 곧 가치이며, 가치가 곧 보상'이라는 원리를 실현하기 위한 기술적·경제적 구현체라 할 수 있다.

2
DAO 기반의 경제정책 결정 구조

본 절에서는 ZIOW 토큰 이코노미의 핵심인 DAO(Decentralized Autonomous Organization)의 구조와 경제정책 결정 메커니즘을 다룬다.

DAO는 중앙 권력 없이 커뮤니티의 참여에 의해 운영되는 자율조직으로, 토큰 보유자들이 직접 의사결정 과정에 참여하여 생태계 내 정책을 수립하고 실행한다.

DAO의 철학과 존재 이유

DAO는 블록체인 생태계의 '민주적 통치 모델'로서, 투명성과 참여의 균형을 통해 경제 구조를 자율적으로 운영한다. ZIOW 생태계에서는 DAO가 단순한 거버넌스 역할을 넘어, 토큰 경제의 안정성, 보상률, 유통량 조정 등 실질적인 경제정책을 결정하는 핵심 기구로 기능한다.

의사결정 프로세스(Governance Flow)

ZIOW DAO는 다음과 같은 3단계 의사결정 프로세스를 갖는다:

① 제안(Proposal): 누구나 제안을 생성할 수 있으며, 토큰 홀더의 일정량 이상 서명을 확보해야 투표에 상정된다.
② 투표(Voting): 투표 시스템을 통해 투표가 이루어지며, 각 토큰의 스테이킹 수량에 따라 투표 가중치가 부여된다.
③ 실행(Execution): 투표 결과가 블록체인에 기록되며, 스마트 컨트랙트를 통해 자동 실행된다.

DAO 트레저리(Treasury) 운영 구조

DAO 트레저리는 ZIOW의 일정 비율을 자동 배분받는 형태로 운영된다. 이 자금은 마케팅, 기술 개발, 커뮤니티 보상, 거래소 상장 지원 등으로 활용된다. 트레저리 집행은 특정 주소로의 자동 송금 및 계약 실행 기록이 공개된다.

DAO의 보상 메커니즘

DAO 참여자(투표자, 제안자)는 활동 기여도에 따라 ZIOW 토큰 형태로 보상을 받는다. 이는 질리 퀘스트(Zealy Quest) 시스템과 연계되어, 단순 투표 외에도 커뮤니티 활동, 콘텐츠 제작, 신규 홀더 유입 등 다양한 DAO 기여 행위를 인센티브화 한다.

경제정책의 DAO 모델 적용 사례

예를 들어 스테이킹 보상률 조정(기존 1%→0.8%), 유통량 조절(DAO Treasury Lock), 거래소 상장 순서 결정 등 주요 경제정책이 모두 DAO 투표로 결정될 수 있다. 투표 참여율이 일정 기준(예: 15%)을 넘지 못하면 자동으로 다음 회차로 이월되어, 탈중앙형 이지만 안정된 정책 집행이 가능하도록 설계할 수 있다.

현실적 한계와 향후 개선 방향

현재 단계에서 DAO 투표만으로 모든 의사결정을 실행하는 것은 기술적·운영적 측면에서 현실적인 제약이 존재한다. 참여율 저하, 중복 의결, 집행 속도 저하 등의 문제가 발생할 수 있다.

이에 따라 ZIOW DAO는 현재 완전한 투표 기반의 집행 대신, 효율적 의사결정 모델을 병행하는 과도기적 운영체계를 채택하고 있다.

아멕스지는 DAO의 기본 철학을 유지하면서도, AI 보조 의사결정 시스템, 위임형 의결 구조(Delegated Governance), 자동화된 정책 시뮬레이션 모델 등을 도입하여 향후 더욱 효율적이고 실행력 있는 DAO 운영으로 발전시킬 계획이다.

DAO의 철학적 함의

DAO는 단순한 거버넌스 수단이 아닌, 인간의 협력 구조를 기술로 구현한 철학적 시스템이다.

아멕스지의 DAO는 '인간 중심의 기술철학'에 기반해, 권한의 집중보다 분산, 통제보다 신뢰를 우선시한다. 이는 기술이 아니라 철학이 문명을 바꾼다는 저자의 신념을 토큰 이코노미 구조 속에서 실현하는 과정이다.

결론적으로, ZIOW DAO는 토큰 보유자가 단순 투자자가 아닌 '경제공동체의 정책 결정자'로 참여할 수 있도록 설계되어 있으며, 향후 기술적 개선과 효율적 운영 모델의 발전을 통해 현실적 한계를 극복하고 진정한 분산형 의사결정 구조로 진화해 나갈 것이다.

3
스테이킹·복리 보상 및 락업 설계

본 절은 ZIOW 스테이킹 구조와 철학적 의미를 중심으로 다룬다.

ZIOW 스테이킹은 사용자가 자신의 토큰을 BizaPAY Wallet에 예치한 상태로 네트워크 안정성과 생태계 운영에 기여하며 보상을 받는 탈중앙형 구조이다. 보상은 월 1% 복리형 모델로 설계되어 장기 보유를 유도하며, DAO 거버넌스를 통해 이율과 정책이 주기적으로 조정된다.

또한 선택형 다단계 락업(3·6·12개월) 시스템을 통해 유동성 조절과 시장 안정성을 확보한다. 결국 ZIOW 스테이킹은 단순한 금융 상품이 아니라, '참여가 곧 가치'라는 Web3 철학을 구현한 신뢰 기반의 자율경제 시스템이다.

스테이킹의 기본 구조

스테이킹은 사용자가 자신의 ZIOW 토큰을 일정 기간 동안 예치함으로써 플랫폼 운영과 네트워크 안정성에 기여하고, 그 대가로 보상을 받는 구조이다. BizAuto Web3 생태계에서는 BizaPAY Wallet을 통해 스테이킹이 직접 이루어지며, 토큰은 재단이 아닌 사용자 지갑에 그대로 보관된 상태에서 스마트 컨트랙트를 통해 보상이 지급된다. 이로써 중앙예치의 리스크를 최소화하고, 완전한 탈중앙형 금융(DeFi) 철학을 유지한다.

월 복리형 보상 모델

ZIOW의 보상 시스템은 단순 이자 방식이 아닌 월 복리형 구조를 채택하고 있다. 기본 이율은 월 1%로, 사용자는 스테이킹 기간이 길수록 더 높은 누적 보상을 얻게 된다. 이 복리 구조는 단기적 투기보다 장기적 참여를 유도하며, DAO 기반의 거버넌스 정책에 따라 이율이 조정될 수 있다. 예를 들어, DAO 투표 결과에 따라 특정 분기에는 보상률을 상향하여 생태계 활성화를 도모할 수 있다.

락업(잠금) 설계 및 유동성 관리

락업(Lock-up)은 토큰의 단기 매도세를 억제하고 시장의 안정성을 확보하기 위한 장치이다.

ZIOW의 락업 정책은 단일 기간형이 아닌 선택형 다단계 락업 구조를 가지고 있다. 예를 들어, 사용자가 3개월 락업을 선택하면 기본 이자율의 1.2배, 6개월 선택 시 1.5배, 12개월 선택 시 2배의 보상을 받는다. 이는 투자자의 자율성과 장기적 신뢰 구축을 동시에 충족시키는 구조이다.

DAO 연동형 보상 정책

보상률과 락업 조건은 고정되지 않고 DAO 거버넌스에 의해 결정할 수 있다. ZIOW DAO는 매 분기별 투표를 통해 전체 보상정책을 검토하며, 토큰 시장 상황, 생태계 참여율, 글로벌 DAO 펀드 운영 현황 등을 반영하여 정책을 수정한다.

이로써 ZIOW는 단순 금융상품이 아니라, 참여자에 의해 스스로 운용되는 분산형 경제 모델을 구현한다.

보상의 지급 방식과 보안성

BizaPAY Wallet은 사용자의 스테이킹 데이터를 실시간으로 추적하여 매월 보상 토큰을 자동 분배한다. 모든 거래 내역은 BizAuto MainNet 기반의 스마트 컨트랙트로 기록되며, 개인 지갑에서 직접 검증 가능한 투명한 구조를 유지한다.

또한 복구 문구(Mnemonic Phrase) 기반의 보안체계를 유지하여 개인 자산의 안전성을 보장한다.

'참여가 곧 가치'인 구조

ZIOW의 스테이킹 및 복리 보상 구조는 단순히 이익을 얻기 위한 금융적 장치가 아니다. 이는 생태계 참여자들이 플랫폼을 신뢰하고 지속적으로 기여하도록 설계된 철학적 구조이다. 토큰은 단순한 자산이 아니라, 신뢰의 증표이며, DAO 시스템과 함께 성장하는 가치의 상징이다.

4
ZIOW의 메커니즘

본 절은 ZIOW의 기술적·경제적 메커니즘과 Web3 생태계 내의 핵심 역할을 다룬다.

ZIOW는 BizAuto MainNet 기반의 온체인(On Chain) 자산으로, 결제·보상·거버넌스를 통합한 탈중앙화 구조를 갖는다. 모든 거래는 스마트 컨트랙트로 자동화되어 투명성과 보안성을 확보하며, AI와 연동해 지식 활동을 경제적 가치로 전환한다. DAO 거버넌스를 통해 보상률·락업·유통정책이 공동체 참여에 의해 결정된다.

결국 ZIOW는 BizAuto Web3 생태계의 중심이자 '참여가 곧 가치'라는 철학을 실현하는 핵심 토큰이다.

기술적 메커니즘의 개요

ZIOW는 BizAuto MainNet 기반으로 개발된 완전한 온체인(On Chain) 자산으로, AI-ZIO 플랫폼을 비롯한 모든 BizAuto Web3 서비스와 실시간으로 상호 연동된다.

BizaPAY Wallet을 중심으로 한 통합 결제·보상·거버넌스 시스템을 통해 사용자는 단일 인터페이스에서 토큰의 전송, 스테이킹, 결제, DAO 투표 등을 수행할 수 있다. 이러한 구조는 사용자 중심의 탈중앙화 경험을 실현하며, Web2 금융 시스템과 Web3 자산관리의 경계를 허문다.

기술 구조 및 작동 프로세스

ZIOW의 모든 거래는 BizAuto MainNet의 스마트 컨트랙트에 의해 자동화된다. Wallet 내에서 발생하는 결제, 스테이킹, 보상 분배, DAO 투표 등의 모든 트랜잭션은 블록체인에 영구적으로 기록되며, 실시간 검증이 가능하다.

BizAuto의 DPoS(Delegated Proof of Stake) 합의 알고리즘을 활용해 빠른 처리 속도와 높은 보안성을 동시에 확보하였으며, AI 모듈과의 상호작용을 통해 사용자의 지식 활동 데이터를 경제적 가치로 변환하는 기능도 포함된다.

경제적 의미와 보상 구조

ZIOW는 단순한 유틸리티 토큰이 아니라, BizAuto Web3 생태계 전체를 순환시키는 경제 시스템의 핵심이다. 사용자는 AI-ZIO에서 지식 기여 활동을 수행하거나, BizAuto 플랫폼에서 거래를 진행함으로써 ZIOW를 보상으로 획득한다.

또한 Crypto Wallet 내의 스테이킹 기능을 통해 복리형 이자 보상을 받을 수 있으며, 장기 보유 시 추가 인센티브가 적용된다. 이 구조는 단기 투기보다 생태계 참여와 기여를 유도하는 지속 가능한 토큰 이코노미를 구현한다.

DAO 거버넌스와의 연동

ZIOW의 경제정책은 DAO 거버넌스에 의해 관리된다. DAO 위원회와 참여자들은 투표를 통해 보상률, 락업 정책, 유통량, 마케팅 펀드 배분 등을 결정한다. 각 참여자는 자신의 토큰 보유량에 따라 투표권을 행사할 수 있으며, DAO 활동 기여도에 따라 추가적인 보상을 받는다. 이러한 구조는 단일 기관의 통제가 아닌, 공동체에 의한 자율적 경제 운영 모델을 실현한다.

보안성과 투명성 확보

ZIOW의 모든 기능은 스마트 컨트랙트를 기반으로 자동화되어 있으며, 사용자 프라이빗키는 외부에 노출되지 않는다. 거래 내역, 보상 지급, DAO 트레저리 운용 등 모든 활동은 블록체인 상에 투명하게 기록된다.

또한 BizaPAY Wallet의 로컬 키 보안 및 복구 문구 시스템이 적용되어 개인 자산이 중앙기관의 개입 없이 완전히 사용자의 통제 아래 보관된다.

생태계 내의 활용과 확장성

ZIOW는 BizAuto 메인넷 생태계의 모든 서비스에서 결제, 보상, 거버넌스 통화로 기능한다. 사용자는 AI-ZIO에서의 지식 활동, 다양한 Web3 환경에서 ZIOW를 사용할 수 있다. 또한 ZIOW는 글로벌 거래소에서 유통 가능하며, Web3 생태계의 실물경제 확장에도 직접적으로 연동된다.

Web3 경제 완성의 중심

ZIOW는 AI, 블록체인, DAO, 그리고 디지털 금융이 통합된 인간 중심형 Web3 경제 모델의 완성체이다. 이 토큰은 단순한 결제 수단을 넘어, 지식 활동의 보상, 데이터 경제의 기반, 그리고 참여자 자율경제의 핵심 자산으로 작동한다.

ZIOW는 BizAuto 생태계가 지향하는 '참여가 곧 가치이며,

가치가 곧 보상'이라는 Web3 철학을 실질적으로 구현하는 토큰이며, 향후 글로벌 지식경제의 표준 모델로 자리 잡을 것이다.

5
BizaPAY Wallet 기반의 DeFi 연동

본 절은 BizaPAY Wallet을 중심으로 한 DeFi 구조와 Web3 금융 혁신을 다룬다.

BizaPAY Wallet은 BizAuto MainNet 기반의 멀티체인 지갑으로, 결제·스테이킹·DAO 참여 등 모든 경제 활동의 중심 역할을 한다. 스마트 컨트랙트를 통해 월 1% 복리형 보상이 자동 지급되는 탈중앙화형 DeFi 시스템을 구현했다.

사용자 자산은 재단이 보유하지 않고 개인 지갑에서 직접 관리되어 투명성과 보안성이 보장된다. 결국 BizaPAY Wallet은 "자산의 주권은 개인에게 있다"는 Web3 철학을 실현하는 사용자 중심 금융 플랫폼이다.

BizaPAY Wallet의 구조와 역할

BizaPAY Wallet은 BizAuto MainNet을 기반으로 설계된 멀티체인 지갑으로, ZIOW 등 BizAuto 생태계의 주요 토큰을 포함하여 다양한 암호화폐를 관리할 수 있다.

특히 Wallet은 AI-ZIO, BIZA-CarnegieMall, BIZA-UVIT, BIZA-Metaversity, BIZA-MetaWorld 등 Web3 플랫폼과 직접 연동되어 결제, 스테이킹, DAO 참여 등 모든 경제 활동의 중심 인터페이스로 기능한다.

자동 복리 이자 시스템

BizaPAY Wallet은 사용자가 스테이킹한 토큰에 대해 월 1%의 복리형 보상을 자동으로 계산하고 지급한다. 이 보상은 별도의 거래소 이동 없이 BizaPAY Wallet 내부에서 직접 이루어지며, 스마트 컨트랙트가 매월 말 기준으로 보유 잔액을 검증한 후, 해당 지갑으로 보상 토큰을 자동 분배한다. 이 시스템은 중앙화된 예치기관 없이도 안전한 수익률을 제공하는 혁신적인 DeFi 구조이다.

예치 없는 탈중앙화형 보상 구조

BIZA-Defi는 사용자의 자산을 재단이 직접 보유하지 않는다. 이는 일반적인 DeFi 프로젝트와의 근본적인 차이점으로, 모든 스테이킹 및 보상 데이터는 사용자의 개인 지갑에서 직접 관리된다. 즉, 재단이 토큰을 받아 보유하는 구조가 아닌, '스마트 컨트랙트 기반의 직접지급 모델'로 운영된다. 이 방식은 규제 리스크를 최소화하면서, DAO가 주도하는 투명한 금융 모델을 구현한다.

보안체계와 개인자산 보호

BizaPAY Wallet은 사용자의 개인키를 서버에 저장하지 않으며, 복구 문구(Mnemonic Phrase) 기반의 로컬 암호화를 통해 개인자산을 완벽히 보호한다.

또한 OTP, PIN, 생체인증 등 다중보안체계를 적용하여, 해킹이나 내부 침해로부터 Wallet을 안전하게 지킨다. 모든 거래 기록은 BizAuto MainNet 상의 블록체인 원장에 기록되어 추적 가능하며 위변조가 불가능하다.

DAO와의 연동

BizaPAY Wallet은 단순한 지갑을 넘어 DAO의 운영 툴로도 활용된다. 사용자는 Wallet에서 직접 DAO 투표에 참여하고, 거버넌스 안건을 제출할 수 있다.

또한 DAO 펀드 분배, 질리 퀘스트(Zealy Quest) 보상 지급, 글로벌 마케팅 인센티브 분배 등도 BizaPAY Wallet을 통해 자동 처리된다.

DeFi 생태계 확장 모델

BizaPAY Wallet은 향후에 외부 DeFi 서비스와의 연동도 지원한다. 폴리곤(Polygon), 이더리움(Ethereum), 솔라나(Solana) 등 주요 블록체인 네트워크와 상호운용 가능한 스왑 모듈을 탑재하여, BizAuto 생태계 토큰을 다양한 글로벌 유동성 풀에 연결할 수 있도록 설계되었다. 이는 단일 네트워크 한계를 넘는 멀티체인 DeFi 생태계로의 확장을 의미한다.

안전성과 자율성이 공존하는 DeFi

BizaPAY Wallet 기반의 DeFi 구조는 '중앙예치 없는 금융혁신'을 실현한다. 사용자는 Wallet 하나로 스테이킹, 복리 보상, DAO 참여, 결제를 모두 수행할 수 있으며, 이는 아멕스지가 추구하는 Web3 철학—자산의 주권이 개인에게 있다—를 완벽히 반영한다. BizaPAY Wallet은 Web3 시대의 진정한 '사용자 중심 금융플랫폼'으로 자리매김하고 있다.

6
글로벌 DAO 펀드 및 Zealy Quest 구조

　본 절은 글로벌 DAO 펀드와 질리 퀘스트(Zealy Quest) 시스템의 구조와 역할을 다룬다.

　DAO 펀드는 ZIOW 수수료·스테이킹 보상·제휴 수익으로 조성된 분산형 자율 재정 시스템으로, 커뮤니티가 투표로 자금 운용을 결정한다.

　모든 자금 흐름은 BizAuto MainNet에 기록되어 투명하게 공개되며, 분기별 펀드 리포트로 신뢰를 확보한다. Zealy Quest는 글로벌 참여형 미션 보상 플랫폼으로, 공헌도에 따라 ZIOW와 NFT 보상을 지급한다. 결국 이 구조는 '참여가 곧 경제(Activity=Economy)'라는 Web3 철학을 실현하는 DAO 기반의 성장 모델이다.

글로벌 DAO 펀드의 개요

글로벌 DAO 펀드는 BizAuto 생태계의 '분산형 자율 재정 시스템'으로, ZIOW 홀더, 스테이킹 참여자, 제휴 프로젝트들이 공동출자하는 형태로 조성된다. 이 펀드는 생태계 확장, 글로벌 마케팅, 기술 개발, 파트너십 구축 등 다양한 활동에 활용되며, DAO 투표를 통해 모든 사용자가 자금 운용 방향을 결정할 수 있다.

DAO 펀드 조성 구조

DAO 펀드는 ZIOW 거래 수수료, 스테이킹 보상 일부, 제휴 수익의 일정 비율 등으로 구성된다. 전체 펀드는 글로벌 마케팅 및 커뮤니티 보상, 기술 개발 및 보안 강화, DAO 거버넌스 운영 및 리워드 프로그램에 일정 비율로 배분된다. 이러한 구조는 DAO 재정의 투명성과 참여형 경제 시스템을 보장한다.

자금 운용 및 투명성 확보

모든 DAO 펀드의 입출금 내역은 BizAuto MainNet 상의 블록체인에 기록할 수 있다. 스마트 컨트랙트를 통해 펀드 사용처를 실시간 검증할 수 있으며, DAO 멤버 누구나 대시보드를 통해 자금 흐름을 확인할 수 있다. 또한 분기별 'DAO 펀드 리포트'가 자동 생성되어, 커뮤니티 투명성을 극대화한다.

Zealy Quest 시스템의 개요

Zealy Quest는 글로벌 커뮤니티 참여를 촉진하기 위한 미션형 보상 플랫폼이다. 참여자는 SNS 홍보, 콘텐츠 제작, 신규 유저 초대, AMA 이벤트 참여 등 다양한 미션을 수행하여 포인트를 획득한다. 이 포인트는 일정 기준에 따라 ZIOW로 교환되거나 DAO 펀드에서 직접 지급된다. 이를 통해 전 세계 사용자가 생태계 확산의 주체로서 직접 기여하게 된다.

Quest 보상 구조

Zealy Quest의 보상 구조는 '공헌도 기반 보상(Proof of Contribution)' 원리를 따른다. 각 미션은 난이도와 영향력에 따라 3단계(기본·심화·리더)로 구분되며, 리더 퀘스트 참여자는 DAO 펀드에서 직접 리워드를 받는다.

또한 상위 1% 기여자는 NFT 기반 'DAO Contributor Badge'를 발급받아, 장기적으로 DAO 투표권 가중치가 부여된다.

글로벌 마케팅 연계

DAO 펀드와 Zealy Quest는 글로벌 마케팅 전략의 핵심이다. 각 지역별 DAO 챕터(Asia, Europe, MENA, Americas)는 Zealy Quest 데이터를 활용해 참여도를 측정하고, 보상률 및 캠페인 강도를 자동 조정한다. 이 시스템은 아멕스지의 'DAO Driven Growth Model'을 실현하며, 전 세계 커뮤니티의 자생적 성장 동력을 강화한다.

참여가 곧 경제인 구조

글로벌 DAO 펀드와 Zealy Quest는 단순한 보상 프로그램이 아니다. 이는 Web3 시대의 새로운 경제 모델—'참여가 곧 경제(Activity=Economy)'—를 실현하는 구조다. ZIOW의 가치는 커뮤니티의 기여와 신뢰에 의해 형성되며, DAO 펀드는 그 가치를 순환시키는 엔진으로 작동한다.

7장
기술 거버넌스와 보안 아키텍처

1
BizAuto MainNet의 보안 모델

본 절은 BizAuto MainNet의 '안전한 탈중앙화' 보안 철학을 다룬다.

DPoS 합의 구조를 통해 경제적 이해관계와 신뢰 네트워크를 결합하여 악의적 행위를 억제한다. 3단계 보안 계층(Layer 1~3)을 갖춘 다층 방어 아키텍처로 네트워크와 트랜잭션의 무결성을 보호한다.

결국 BizAuto의 보안 모델은 기술적 방어를 넘어 '신뢰를 설계한 블록체인' 철학의 구현체이다.

보안 설계 철학 – '안전한 탈중앙화'

BizAuto MainNet의 보안 구조는 '안전한 탈중앙화'를 핵심 철학으로 한다. 이는 완전한 분산화를 추구하면서도, 네트워크 안정성을 보장하기 위해 선택적 위임(Delegation)을 허용하는 구조이다.

DPoS 합의는 무분별한 노드 참여로 인한 공격 리스크를 줄이면서, 동시에 노드 간의 민주적 투표를 통해 보안을 강화한다.

DPoS 기반 합의 구조의 보안성

DPoS 합의 알고리즘은 대표 노드(Delegated Node)들의 투표로 블록 생성 권한을 결정한다. 각 노드는 BizAuto Token을 일정량 스테이킹하여 참여하며, 투표권은 네트워크 내 평판과 연결된다. 이 구조는 '경제적 이해관계'와 '신뢰 네트워크'를 결합하여, 악의적 행위를 억제하고 시스템의 자가 방어력을 높인다.

또한 블록 검증 과정에서 발생하는 트랜잭션은 실시간으로 서명 및 해시 검증을 거쳐 위변조를 차단한다.

다층 보안 아키텍처(Safety Layer System)

BizAuto MainNet은 3단계의 보안 계층을 갖추고 있다:

- Layer 1 - Core Security Layer: 합의 프로세스, 노드 검증, 암호화 서명 시스템 관리.
- Layer 2 - Transaction Layer: 스마트 컨트랙트 실행, 트랜

잭션 검증 및 위변조 탐지.
- Layer 3 - Network Layer: DDoS 방어, 네트워크 트래픽 필터링, 노드 간 인증 프로토콜 운영.

이 다층 구조는 네트워크 침입이나 악성 공격에 대한 복합적 방어체계를 제공한다.

노드 간 상호검증 및 위협대응 메커니즘

BizAuto의 노드 네트워크는 실시간 상호검증 기능을 수행한다. 각 노드는 타 노드의 블록 생성 및 트랜잭션 검증 결과를 비교·분석하여 이상 여부를 판단한다. 이상이 탐지될 경우 자동으로 해당 노드를 격리하고, DAO 보안위원회에 보고되어 조치가 이루어진다. 이 체계는 '자율적 보안' 구조를 구현한다.

비상복구 및 감사 시스템

BizAuto MainNet은 시스템 장애나 외부 공격에 대비한 비상복구(Disaster Recovery) 프로토콜을 갖추고 있다. 주요 데이터는 다중 노드 및 분산 저장소에 백업되어 있으며, 이중화된 서버를 통해 빠른 복구가 가능하다.

또한 정기적인 보안 감사(Security Audit)를 실시하여, 스마트 컨트랙트 및 합의 알고리즘의 취약점을 지속적으로 점검한다.

신뢰를 설계한 블록체인

BizAuto MainNet의 보안 모델은 단순한 기술 방어체계가 아니라, 신뢰를 '설계'한 블록체인 시스템이다. 경제적 보상, 기술적 합의, 그리고 철학적 가치가 결합된 보안 구조는 BizAuto Web3 생태계 전체의 지속 가능한 발전을 이끄는 핵심 기반이 되고 있다.

2
데이터 무결성과 암호화 체계

본 절은 BizAuto MainNet의 데이터 무결성과 암호화 설계 원리를 다룬다.

모든 트랜잭션은 해시 기반의 블록 구조로 연결되어 위변조를 원천 차단한다. 각 데이터 필드에 고유 서명과 암호키를 부여하여 구조적 무결성을 보장한다. AES와 RSA의 하이브리드 암호화 방식을 적용해 속도와 보안을 동시에 확보하였다.

결국 BizAuto의 데이터 보호 체계는 암호화·서명·검증 과정을 통해 신뢰를 데이터 수준에서 설계한 구조이다.

데이터 무결성의 기본 원리

데이터 무결성이란 저장된 정보가 외부의 개입 없이 정확하고 일관되게 유지되는 상태를 의미한다. BizAuto MainNet은 모든 트랜잭션 데이터를 해시(Hash) 값으로 연결하여, 한 블록의 정보가 변경될 경우 전체 체인 구조가 즉시 무효화되도록 설계하였다. 이는 데이터 위변조를 원천 차단하는 블록체인 보안의 근간이다.

구조적 무결성

데이터의 구조적 무결성을 보장하기 위해 모든 트랜잭션 데이터는 자동 변환되어 기록되며, 각 데이터 필드마다 고유한 서명(Signature)과 암호화 키가 부여된다. 이를 통해 데이터의 출처와 소유권이 명확히 구분되고, 외부 침입자가 구조를 변조하는 것이 불가능해진다.

암호화 알고리즘 – AES와 RSA의 결합

BizAuto MainNet은 대칭키 암호화(AES)와 비대칭키 암호화(RSA)를 혼합한 하이브리드 보안 방식을 사용한다. AES는 데이터 전송 속도를 보장하면서 빠른 암호화를 가능하게 하고, RSA는 공개키·개인키 체계를 통해 인증과 복호화를 안전하게 수행한다. 이 두 알고리즘의 결합은 속도와 보안을 모두 확보하는 최적의 조합이다.

서명(Signature) 및 검증 프로세스

모든 트랜잭션은 개인키 기반의 디지털 서명을 통해 인증된다. 서명된 데이터는 블록 생성 시점에 자동으로 해시화되어, 검증 노드가 이를 확인 후 블록체인에 기록한다. 이 과정을 통해 사용자는 자신이 생성한 거래임을 증명할 수 있으며, 네트워크 내 모든 참여자는 동일한 데이터에 접근하여 신뢰를 공유할 수 있다.

전송 데이터 암호화 및 복호화

사용자 간의 모든 데이터 전송은 TLS 1.3 기반의 보안 통신 프로토콜로 보호되며, 추가적으로 BizAuto Layer 보안 모듈이 이중 암호화를 수행한다. 이중 암호화는 중간자 공격(Man-in-the-Middle Attack)을 방어하고, 전송 중 데이터 탈취나 복제 시도를 원천적으로 차단한다.

분산 저장과 백업 체계

BizAuto MainNet은 분산형 저장(Distributed Storage) 시스템을 통해 데이터 손실 위험을 최소화한다. 모든 블록 데이터는 여러 노드에 중복 저장되며, 각 노드는 상호 검증을 통해 데이터 일관성을 유지한다. 이 구조는 특정 서버의 장애나 공격에도 네트워크 전체의 데이터 안정성을 보장한다.

데이터 신뢰의 설계

BizAuto MainNet의 데이터 보안체계는 단순한 암호화 기술이 아니라, 신뢰를 '데이터 레벨에서 설계한' 구조이다. 모든 데이터는 암호화, 서명, 검증, 복호화의 단계를 거쳐 처리되며, 이는 BizAuto Web3 생태계 전체의 투명성과 신뢰성을 유지하는 핵심 메커니즘으로 작동한다.

3
DAO 투표 시스템 및 의사결정 절차

본 절은 DAO의 분산 의사결정 시스템과 투표 절차를 설명한다.

모든 구성원은 보유 토큰 수량에 비례한 투표권을 가지며, 제안·투표·집행 과정이 모두 블록체인에서 수행된다. 투표 시스템을 이용해 자산 이동 없이 안전한 투표가 가능하며, 결과는 BizAuto MainNet과 자동 연동된다.

스마트 컨트랙트 기반의 실행으로 DAO 펀드 집행과 정책 반영이 투명하게 자동 처리된다. 전체 구조는 KYC 인증 및 해시 검증을 통해 조작 없는 '디지털 민주주의'를 구현한다.

DAO 거버넌스의 기본 원리

DAO의 핵심은 '분산된 의사결정'이다. 모든 구성원은 자신이 보유한 토큰 수량에 비례한 투표권을 가지며, 거버넌스 안건의 제안, 검토, 의결, 실행의 전 과정을 탈중앙화된 네트워크에서 수행한다. 이 구조는 중앙화된 관리자의 개입을 배제하고, 블록체인 기반의 투명한 합의를 실현한다.

투표 시스템

DAO는 투표 시스템을 활용한다. 투표 시점의 토큰 보유 상태를 기준으로 투표권을 계산하는 구조로, 실제 자산 이동 없이도 안전한 의결이 가능하다. 모든 투표 내역은 IPFS(InterPlanetary File System)에 기록되어 영구적으로 검증 가능하며, 투표 결과는 BizAuto MainNet의 DAO 모듈과 연동되어 자동 반영된다.

제안(Proposal) 절차

DAO 의사결정은 'Proposal(안건)' 제안으로 시작된다. 모든 DAO 멤버는 일정 수량 이상의 토큰을 보유하면 제안 자격을 얻는다. 안건은 기술 개발, 마케팅, 펀드 배분, 생태계 확장 등 다양한 주제를 포함할 수 있으며, 제안 후 일정 시간 동안 커뮤니티 검토 기간을 거쳐 투표 단계로 이행된다.

투표(Voting) 절차 및 가중치 구조

투표는 일반 투표와 스테이킹 기반 투표로 구분된다. 일반 투표는 단순한 1토큰=1표 원칙을 적용하지만, 스테이킹 기반 투표는 장기 보유자에게 가중치를 부여하여 단기 변동성에 영향을 받지 않도록 설계되었다. 투표 기간은 일정 시간으로 설정되며, 일정 비율 이상의 찬성이 있을 경우, 안건은 통과된다.

집행(Execution) 및 기록(Record)

투표가 통과된 후, 결과는 BizAuto MainNet의 DAO Execution Contract를 통해 자동 실행된다. 스마트 컨트랙트는 DAO 펀드 지출, 개발 프로젝트 승인, 보상 지급 등과 같은 명령을 수행하며, 이 과정은 모두 체인 상에 기록되어 감사 및 검증이 가능하다. 실행 이후에는 DAO 리포트 모듈이 자동으로 업데이트되어, 모든 결과가 공개된다.

DAO 보안 및 조작 방지 메커니즘

DAO 투표 시스템은 Sybil Attack(다중 계정 공격) 방지를 위해 KYC 연동 인증을 선택적으로 적용한다. 또한, 모든 투표는 서명(Signature) 검증을 통해 유효성을 검토하며, 중복 투표나 위임 남용을 차단한다. 투표 결과 조작을 방지하기 위해 BizAuto

MainNet의 해시 검증 모듈과 연동되어, 모든 투표 데이터는 변경 불가능한 상태로 블록체인에 저장된다.

자율적이면서 신뢰할 수 있는 민주적 시스템

DAO 투표 시스템은 BizAuto Web3 생태계의 '디지털 민주주의' 모델이다. 모든 구성원이 동등한 권한으로 참여하고, 결과는 기술적 신뢰에 의해 보장된다. 이는 아멕스지가 추구하는 Web3 철학—'권한의 분산과 신뢰의 집합'—을 가장 잘 구현한 사례이다.

4
스마트 컨트랙트 검증 프로세스

본 절은 BizAuto MainNet의 스마트 컨트랙트 검증 절차와 보안체계를 다룬다.

스마트 컨트랙트는 개발 전 표준화→배포 전 정적 분석→배포 후 모니터링의 3단계 검증 프로세스를 거친다. 보안 취약점을 자동 탐지하고 외부 감사로 안전성을 보강한다. 배포 후에는 AI 기반의 모니터링 시스템(BMS)이 실시간으로 이상 거래를 감시하고 DAO 보안위원회에 자동 보고한다. 이 모든 과정은 '자동화된 신뢰(Automated Trust)'를 구현하여 투명하고 안전한 Web3 계약 환경을 보장한다.

검증 프로세스 개요

스마트 컨트랙트 검증은 세 단계로 구성된다: (1) 개발 전 코드 표준화, (2) 배포 전 정적 분석, (3) 배포 후 모니터링. 이 3단계 구조를 통해 코드 품질, 보안성, 실행 무결성을 보장하며, 모든 단계는 자동화된 도구와 수동 검증을 병행한다.

코드 표준화 및 리뷰 절차

BizAuto 개발팀은 스마트 컨트랙트 표준 가이드라인(BSCG, BizAuto Smart Contract Guideline)을 기반으로 코드를 작성한다. 모든 컨트랙트는 리뷰어 그룹의 검토를 거쳐야 하며, 함수 호출 구조, 변수 선언, 권한 제어 로직 등 핵심 요소들이 표준 규격에 맞게 구성되어야 한다. 특히 관리자 권한이 불필요하게 과도하게 설정되지 않았는지 점검하는 과정이 필수다.

정적 분석 도구를 이용한 자동 검증

배포 전 단계에서 BizAuto는 정적 분석 도구(Static Analyzer)를 사용해 코드 내 취약점을 자동 탐지한다. 검증 도구를 이용하여 재진입 공격(Reentrancy Attack), 오버플로우(Overflow), 접근제어 결함 등의 보안 취약점을 감지한다. 검증 결과는 자동 리포트로 생성되어 감사팀 및 개발팀이 확인 후 수정한다.

시뮬레이션 및 테스트넷 검증

정적 분석을 통과한 스마트 컨트랙트는 테스트넷(Testnet)에서 실제 실행 시뮬레이션을 수행한다. 이 과정에서 실제 사용자 시나리오(예: 결제, 스테이킹, DAO 투표 등)를 모사하여 기능과 보안성을 검증한다. 테스트넷 환경은 BizAuto의 샌드박스 모듈을 활용해 구축되며, 오류 발생 시 자동 롤백 기능을 통해 안정성을 확보한다.

배포 전 보안 감사(Security Audit)

테스트를 통과한 컨트랙트는 독립적인 외부 감사 기관에 의해 보안 감사를 받는다. 감사 보고서에는 코드 위험도, 취약점 등급, 수정 권고사항이 포함되며, 모든 결과는 DAO에 제출되어 승인 절차를 거친다. 이 과정을 통해 개발팀은 외부 전문가의 검증을 기반으로 보안 품질을 보장한다.

배포 후 모니터링 및 자동 알림 시스템

스마트 컨트랙트가 메인넷에 배포된 이후에는 BizAuto Monitoring System(BMS)이 지속적으로 실행 상태를 감시한다. 실시간 로그 분석과 AI 기반 이상 탐지 모델을 결합하여, 비정상 거래나 비인가 접근이 발생할 경우 즉시 경고를 발송한다.

이 알림은 DAO 보안위원회에 자동 전달되어 신속한 대응을 가능하게 한다.

지속적 개선 및 버전 관리

모든 스마트 컨트랙트는 GitHub의 버전 관리 시스템과 BizAuto Audit Chain에 동시에 기록된다. 수정 및 업데이트 이력은 블록체인상에 영구 저장되어, 모든 변경 내역이 추적 가능하다. 이는 코드 투명성을 극대화하고, 커뮤니티 감사가 가능한 개방형 거버넌스 모델을 완성한다.

'자동화된 신뢰'의 구현

BizAuto MainNet의 스마트 컨트랙트 검증 프로세스는 단순한 보안 절차가 아닌, '자동화된 신뢰(Automated Trust)'를 구현한 모델이다. 코드의 작성, 검증, 배포, 모니터링 전 과정이 투명하게 관리되며, 이 시스템은 BizAuto Web3 생태계의 모든 플랫폼에서 안전하고 신뢰 가능한 디지털 계약 환경을 제공한다.

5
AI와 결합된 보안 인텔리전스

본 절은 AI가 BizAuto 생태계의 보안 인텔리전스 허브로 작동하는 구조를 설명한다.

AI는 머신러닝(Machine Learning) 기반의 이상 탐지 모델을 활용해 트랜잭션 및 시스템 로그를 실시간 분석하고 위협을 조기에 식별한다. 실시간 사이버 위협에 대응하는 TID(Threat Intelligence Database)와 연동하여 글로벌 공격 패턴을 학습하고 선제적으로 차단한다. AI 분석 결과는 BizAuto MainNet의 보안 트리거와 연동되어 자율적 보안 의사결정을 자동 실행한다.

결국 AI와 블록체인의 결합은 'AI+Web3 융합 보안'이라는 새로운 표준을 제시하며, 지능형 자율보안 생태계를 완성한다.

AI의 보안 인텔리전스 개요

AI는 AI 분석 엔진을 통해 BizAuto MainNet에서 발생하는 모든 트랜잭션 로그와 시스템 이벤트를 실시간으로 분석한다. 이를 통해 비정상적 접근, 이상 트랜잭션, 내부 위협 시도를 조기에 식별하고 대응한다. AI는 중앙화된 보안 시스템이 아닌, 분산형 AI 모듈로 구성되어 있어 네트워크 전체의 보안 자율성을 강화한다.

AI 기반의 이상 탐지 알고리즘

AI는 머신러닝(Machine Learning) 기반의 이상 탐지 모델(Anomaly Detection Model)을 사용한다. 주요 알고리즘에는 Isolation Forest, AutoEncoder, LSTM 예측 모델이 포함되며, 사용자 활동 패턴을 학습하여 정상 범위를 벗어나는 행동을 즉시 감지한다. 이 탐지 결과는 보안 대시보드에 시각화되어 DAO 보안위원회에 실시간으로 전달된다.

Threat Intelligence 데이터베이스

AI는 Threat Intelligence Database(TID)를 유지하며, 전 세계 블록체인 및 보안 네트워크와 연동한다. 이 데이터베이스는 알려진 공격 벡터, 악성 IP, 피싱 주소, 스마트 컨트랙트 취약점 정보를 실시간으로 업데이트한다. 이를 통해 AI-ZIO는 신규 공격 시도를 선제적으로 차단할 수 있다.

AI와 BizAuto MainNet의 통합 구조

AI의 분석 결과는 BizAuto MainNet의 Security Layer와 직접 연동된다. AI 모델이 이상 거래를 감지하면, 스마트 컨트랙트 내 보안 트리거(Security Trigger)가 자동으로 작동하여 의심 트랜잭션을 임시 보류하거나 DAO 검증 절차로 전환한다. 이 구조는 인간의 개입 없이 '자율적 보안 의사결정'을 가능하게 한다.

보안 로그 분석 및 예측 모델

AI는 과거 보안 로그를 기반으로 예측 모델을 학습한다. 이 모델은 특정 시점의 공격 패턴을 인식하고, 향후 발생 가능성이 높은 위협을 예측하여 사전 대응한다. 특히 AI는 공격의 빈도, 유형, 발생 노드를 자동 분류하여 DAO에 대응 우선순위를 제시한다.

DAO 기반의 보안 거버넌스

AI의 보안 인텔리전스는 DAO 보안위원회와 연동되어, 모든 보안 경보 및 조치가 투표를 통해 관리된다. 보안 위협 발생 시

AI는 즉시 경보를 생성하고, DAO 위원회는 대응 수준을 결정한다. 이 시스템은 인공지능의 자동 판단과 DAO의 집단적 판단을 결합한 '하이브리드 거버넌스 모델'을 구현한다.

'AI와 블록체인의 융합 보안'

AI와 BizAuto MainNet의 결합은 'AI+Web3 융합 보안'의 새로운 표준을 제시한다. AI는 데이터를 학습하여 실시간 위협을 탐지하고, 블록체인은 그 결과를 불변성 있게 기록한다. 이 두 기술의 결합은 BizAuto 생태계 전반의 자율적 보안체계를 완성하며, 미래의 Web3 네트워크가 나아갈 '지능형 보안 생태계'의 방향성을 제시한다.

6
Web3의 법적·제도적 대응전략

 본 절은 Web3의 법적·제도적 대응전략과 아멕스지의 규제 친화적 구조를 설명한다.

 아멕스지는 KYC·AML 준수, 개인정보 보호, DID 인증 체계를 통해 글로벌 규제에 대응하고 있다. DAO의 법적 지위를 '디지털 협동조합' 형태로 정립하여 거버넌스와 펀드 운용의 합법성을 보장한다. 스마트 컨트랙트에는 전자서명법과 전자거래법 기반 인증 절차를 도입해 법적 효력을 확보했다.

 궁극적으로 아멕스지는 'Compliance-based Web3' 모델을 실현하여 규제와 혁신의 공존을 추구하고 있다.

법적·제도적 환경의 변화

블록체인과 Web3의 확산은 기존의 금융, 데이터, 통신법 체계에 새로운 도전을 제기하고 있다. 특히 KYC(본인확인), AML(자금세탁방지), 데이터 보호법, 증권법 등과의 충돌 가능성이 존재한다. 이에 따라 각국 정부는 가상자산을 제도권 안으로 편입하기 위한 법안을 속속 도입하고 있으며, 아멕스지는 이러한 흐름에 선제적으로 대응하는 규제 친화적 생태계를 설계하고 있다.

KYC·AML 정책 준수 체계

BIZA-INApp과 BizaPAY Wallet은 KYC/AML 규정을 완벽히 준수하도록 설계되었다. 사용자는 지갑 개설 및 결제 기능을 이용하기 위해 신원인증 절차를 거쳐야 하며, AML 필터는 자금 흐름을 자동 분석하여 의심 거래를 탐지한다. 이 모든 데이터는 개인 식별정보를 보호하면서도, 필요 시 감독기관의 합법적 요청에 응할 수 있도록 구조화되어 있다.

개인정보 보호 및 DID 활용

아멕스지는 탈중앙 신원인증(DID, Decentralized ID)을 활용하여 개인정보 보호법(Privacy Act)에 대응한다. BIZA-DID는 사용자가 자신의 신원정보를 직접 관리하도록 하여, 중앙 서버 해킹이나 정보유출 위험을 줄인다.

또한 DID 데이터는 블록체인에 암호화되어 저장되며, 사용자의 동의 없이 제3자가 접근할 수 없다.

DAO 거버넌스의 법적 지위

DAO는 분산형 자율조직이지만, 법적으로는 아직 각국에서 명확히 정의되지 않은 영역이다. 아멕스지는 DAO를 '비법인조합' 또는 '디지털 협동조합'의 형태로 해석하여, 거버넌스 투표 및 펀드 운용이 법적으로 보호될 수 있는 체계를 마련하고 있다. DAO의 법인격 부여를 위한 국제 논의에 적극 참여함으로써, Web3의 제도적 기반을 강화하고 있다.

스마트 컨트랙트의 법적 효력

스마트 컨트랙트는 코드로 자동 실행되는 계약이지만, 법적 효력 인정을 위해선 명확한 계약 당사자와 조항이 필요하다. 아멕스지는 BizAuto MainNet의 스마트 컨트랙트에 전자서명법 및 전자거래기본법에 부합하는 서명 인증 절차를 도입하였다. 이로써 코드 실행 결과가 법적 분쟁 시 증거로 인정될 수 있도록 보장한다.

국제 협력 및 규제 대응

아멕스지는 미국 SEC, EU MiCA, 싱가포르 MAS, 한국 금융위원회 등 주요 규제 기관의 정책 방향을 분석하여, 각 시장에 맞는 규제 대응 체계를 수립하였고 국제적인 신뢰와 제도적인 정당성을 확보해 나가고 있다.

'규제 순응형 Web3'의 실현

아멕스지의 Web3 대응전략은 단순히 규제를 피하는 것이 아니라, 규제와 기술이 공존할 수 있는 'Compliance-based Web3' 모델을 실현하는 것이다. 이 모델은 사용자 보호와 혁신의 균형을 유지하며, 글로벌 시장에서 지속 가능한 Web3 생태계 구축의 본보기가 되고 있다.

7
글로벌 규제와 기술의 조화

본 절은 아멕스지가 기술 혁신과 글로벌 규제의 균형을 이루기 위한 전략을 다룬다.

글로벌 규제 환경은 미국, EU, 아시아 등 지역마다 달라 복잡하지만, 아멕스지는 각국 법제에 맞춘 규제 준수형 운영 원칙을 적용한다.

또한 ISO/TC307(블록체인 국제표준화 위원회) 및 FATF(자금세탁방지 금융행동기구)의 권고안을 기반으로 블록체인 국제 표준화와 규제 친화적 기술 프레임워크(CIF)를 구축했다. BizaPAY Wallet과 DAO 시스템은 KYC·AML 자동 검증 및 데이터 보호 기능을 통해 합법적 Web3 구조를 실현한다.

결국 아멕스지는 '기술이 규제를 이해하는 시대'를 선도하며, 법과 기술의 조화를 통해 지속 가능한 Web3 생태계를 완성하고 있다.

글로벌 규제 환경의 복잡성

국가마다 Web3에 대한 인식과 규제 접근법은 상이하다. 미국은 증권법(Securities Act)에 기반한 토큰 분류 기준을 강화하고 있으며, 유럽연합은 MiCA(Markets in Crypto-Assets) 규정을 통해 가상자산의 통합 관리체계를 구축하고 있다. 아시아 지역은 국가별로 허용 범위가 다르며, 특히 한국은 '특정금융정보법'을 중심으로 제도화를 추진 중이다. 이처럼 글로벌 규제 환경은 복잡하고, 다층적인 조정이 요구된다.

아멕스지의 규제 대응 원칙

아멕스지는 '기술은 법을 존중하고, 법은 혁신을 이해해야 한다'는 철학을 기반으로 글로벌 규제에 대응한다. 이를 위해 모든 BizAuto 기반의 플랫폼은 현지 법제에 맞는 운영 구조를 채택하고, 거래소 상장, DAO 펀드 운영, 토큰 발행 등의 활동에 대해 각국의 규정을 철저히 준수한다. 이러한 원칙은 BizAuto 생태계의 신뢰성과 지속 가능성을 높이는 핵심 요소로 작용한다.

국제 협력 및 표준화 활동

아멕스지는 ISO/TC307(블록체인 국제표준화 위원회) 및 FATF(자금세탁방지 금융행동기구)의 권고안을 기반으로 글로벌 블록체인 산업의 표준화를 지원하고 있다. 특히 BizaPAY Wallet은 국제표준 기술요건을 충족하며, 규제기관과 협력하여 '안전한 Web3 환경'을 위한 기술 가이드라인 수립에 참여하고 있다.

규제 친화적 기술 프레임워크

아멕스지는 규제와 기술이 상호 충돌하지 않도록 설계된 'Compliance-Integrated Framework(CIF)'를 도입했다. 이 프레임워크는 스마트 컨트랙트, 결제 시스템, DAO 펀드 운용 등이 자동으로 규제 검증을 통과하도록 구성되어 있다. 예를 들어, KYC 데이터가 자동 암호화되어 관리되며, AML 분석 알고리즘이 실시간으로 자금 흐름을 감시한다.

기술 혁신과 규제의 상생 모델

아멕스지는 정부 및 공공기관과 협력하여 Web3 기술이 합법적 제도 내에서 활용될 수 있도록 다층적 정책 대화를 진행하고 있다. 이는 규제가 혁신을 억제하는 장벽이 아닌, 시장 신뢰를 높이는 제도적 장치로 작동하도록 유도하는 전략이다. 특히 교육, 의료, 금융 등 공공 인프라 영역에서 Web3의 안전한 도입 사례를 확산시키고 있다.

사례: EU MiCA 대응 모델

아멕스지는 유럽연합의 MiCA(Markets in Crypto-Assets) 정책에 부합하는 기술 인증 체계를 마련했다. BizaPAY Wallet은 MiCA가 요구하는 데이터 보호, 거래 투명성, 유저 자산 보호 기준을 충족한다.

또한 DAO 펀드의 자금 운용은 내부 감사를 통해 지속적으로 모니터링되며, EU 내 운영 파트너와의 협력을 통해 법적 안정성을 확보하고 있다.

'기술이 규제를 이해하는 시대'

아멕스지는 Web3 기술의 발전이 법과 제도를 넘어서는 것이 아니라, 법과 기술이 서로를 보완하며 함께 진화해야 한다고 본다. '기술이 규제를 이해하는 시대'를 선도하기 위해, 아멕스지는 각국의 규제 프레임워크를 존중하면서도 기술 혁신의 본질을 유지하는 조화로운 모델을 구현하고 있다. 이 균형감 있는 접근이야말로 글로벌 Web3 산업이 지속 가능하게 성장하는 길이다.

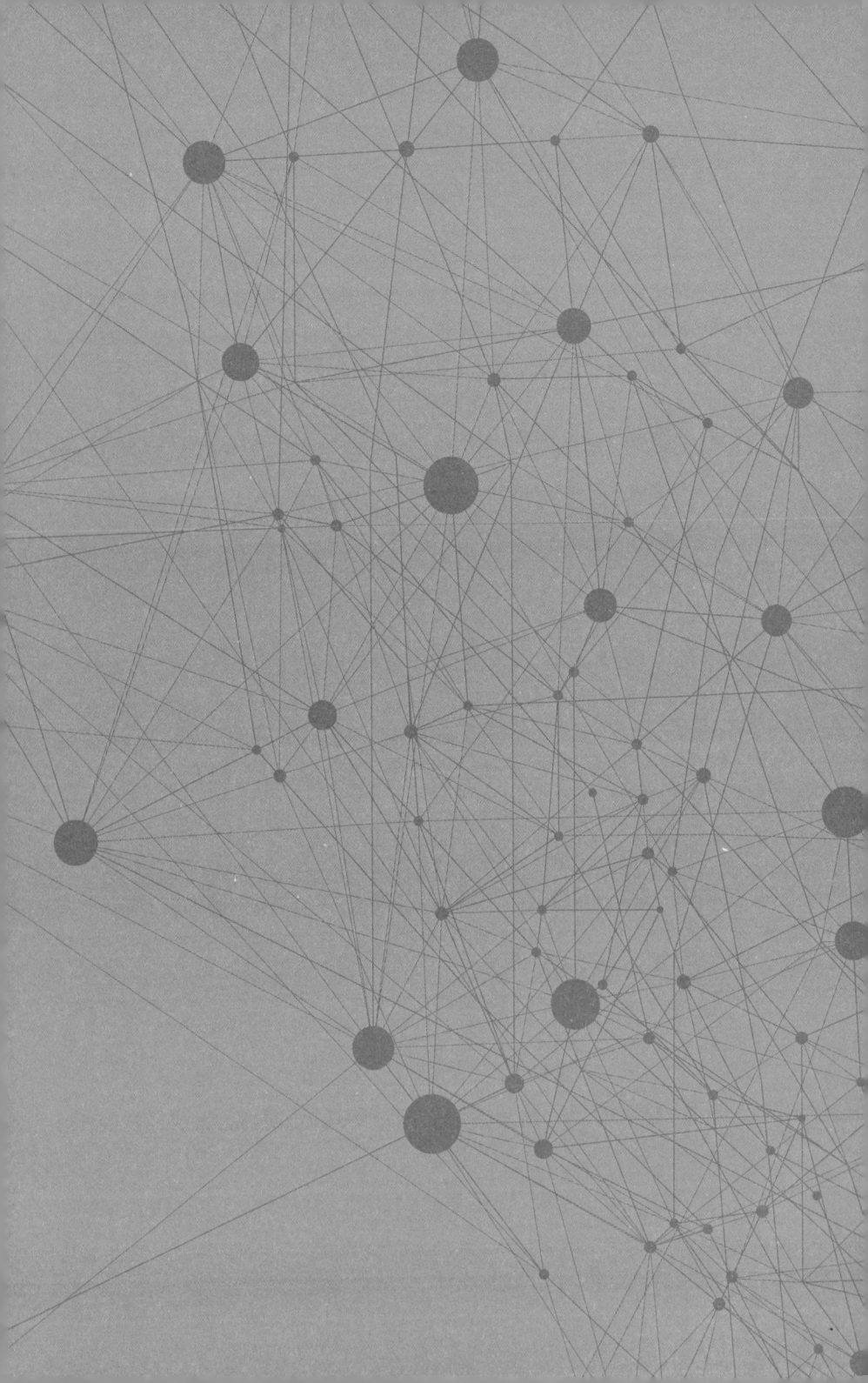

8장
인간 중심의 Web3 철학과 미래사회 비전

1
기술은 인간을 바꾸지 않는다, 철학이 바꾼다

본 절은 기술보다 철학이 문명의 방향을 결정한다는 핵심 철학을 다룬다.

기술은 인간이 만든 도구일 뿐이며, 인간의 가치와 철학이 기술의 본질을 정의한다. Web3 시대의 진정한 혁신은 '탈중앙화'를 통한 신뢰의 재구성과 인간 주체성의 회복에 있다. 아멕스지는 기술보다 사람을 우선하는 '철학 중심 기술기업'으로, 모든 혁신의 중심에 인간의 존엄과 자유를 둔다.

결국 철학이 기술을 완성하고, 기술은 철학을 구현한다는 원리가 Web3 혁명의 본질이다.

기술의 본질은 '도구'에 있다

기술은 인간이 자신의 한계를 확장하기 위해 만들어낸 도구에 불과하다. 기술이 발전할수록 인간의 편의는 커지지만, 인간의 정신적 성숙이나 사회적 통찰은 자동적으로 따라오지 않는다. Web3 역시 단순한 분산형 인터넷 구조를 넘어서, 인간이 스스로의 주권을 되찾기 위한 철학적 실험의 장이다.

철학이 기술의 방향을 결정한다

기술이 아무리 발전하더라도, 그것이 인간 중심의 가치를 잃는다면 문명은 퇴보하게 된다. AI, 블록체인, Web3가 진정한 의미를 가지려면 인간의 존엄과 자유, 그리고 공동체적 책임 위에서 발전해야 한다. 아멕스지는 기술의 본질을 철학 속에서 이해하고, 기술의 방향을 '사람을 위한 혁신'으로 설정했다.

Web3 시대의 철학적 패러다임 전환

Web3는 단순한 기술 혁신이 아니라, '소유'에서 '참여'로의 패러다임 전환이다. 이 시대의 철학은 '탈중앙화'라는 단어로 요약되지만, 그 본질은 '신뢰의 재구성'이다. 신뢰가 중앙기관에서 개인에게로 이동하며, 개인은 기술을 통해 자신의 철학적 주체성을 실현하게 된다.

아멕스지의 철학 – 기술보다 사람이 먼저

아멕스지는 기술기업이기 이전에 '철학기업'이다. 모든 Web3 플랫폼, AI-ZIO, BizAuto 생태계, 그리고 BizAuto MainNet의 설계에는 공통된 철학이 흐른다. '기술은 인간을 위해 존재해야 하며, 인간의 가치가 기술의 방향을 정한다.' 이 신념은 아멕스지가 추구하는 모든 혁신의 중심축이다.

철학이 기술을 완성한다

기술은 인간의 편의를 증진시킬 수는 있지만, 인간의 본질을 바꾸지는 않는다. 철학은 기술을 이끌고, 기술은 철학을 구현한다. Web3 시대의 진정한 혁명은 블록체인이나 AI 기술이 아니라, '인간 중심의 철학이 기술을 다시 인간의 영역으로 되돌리는 것'이다. 이것이 바로 아멕스지가 믿는 기술의 미래이며, 다음 세대의 문명이 나아가야 할 방향이다.

2
Web3의 사회경제적 전환

본 절은 Web3가 기술이 아닌 사회경제적 혁명이라는 본질을 다룬다.

Web2의 중앙집중형 구조는 사용자 데이터 독점과 불공정 분배로 한계를 드러냈고, Web3는 개인이 데이터 주체가 되는 참여형 경제로 전환한다. 토큰 이코노미와 DAO는 기여를 자산화하고 신뢰의 불평등을 해소하는 새로운 사회적 구조를 만든다.

아멕스지는 BizAuto MainNet을 통해 P2P 거래·NFT·AI·결제를 아우르는 인간 중심의 가치 순환 생태계를 구축했다. 결국 Web3는 기술이 아닌 인간의 참여와 철학이 이끄는 새로운 경제 문명으로의 귀환을 의미한다.

중앙집중형 경제의 한계

기존의 Web2 경제는 중앙집중형 데이터 관리 구조 위에 세워졌다. 거대 플랫폼은 사용자 데이터를 독점하며, 콘텐츠와 거래의 가치를 독점적으로 수취하였다. 이로 인해 사용자는 데이터의 주권을 상실했고, 개인의 창의적 기여는 정당한 대가를 받지 못했다. 이 불균형이 Web3의 탄생을 촉발시켰다.

참여형 경제와 기여의 가치

Web3 시대의 경제는 '참여와 기여'를 중심으로 재편된다. DAO(탈중앙 자율조직), NFT(대체불가토큰), DeFi(Decentralized Finance, 탈중앙 금융)는 모두 개인의 활동과 기여를 실질적 자산 가치로 전환한다. 이제 데이터, 아이디어, 커뮤니티 기여가 모두 경제적 가치를 가진다. 이것이 바로 '참여가 곧 소유'로 이어지는 Web3 경제의 핵심 철학이다.

토큰 이코노미의 사회적 의미

토큰은 단순한 화폐가 아니라, 신뢰의 매개체이자 참여의 증표이다. ZIOW와 같은 토큰은 생태계 참여자 간의 투명한 가치 교환을 가능하게 하며, 공정한 분배 구조를 만들어낸다. 이는 중앙집중적 금융 시스템이 해결하지 못한 '신뢰의 불평등'을 해소하는 혁신적 접근이다.

DAO 기반의 사회경제 모델

DAO는 기술적 구조이자, 사회적 실험이다. 조직의 의사결정이 코드화되고, 모든 구성원이 동등하게 참여하며, 투명한 거버넌스를 통해 운영된다. 이러한 DAO 시스템은 기업, 협회, 정부 조직에도 적용될 수 있으며, 미래사회의 민주적 경제 모델을 구현하는 핵심 요소로 부상하고 있다.

아멕스지의 Web3 경제 비전

아멕스지는 BizAuto MainNet을 중심으로 P2P 거래, NFT, AI 검색, 생태계 결제 등 다층적 경제 구조를 구축하였다. BIZA-CarnegieMall은 탈중앙 쇼핑의 패러다임을, AI-ZIO는 지식의 기여경제를, BizaPAY Wallet은 보상의 탈중앙화를 실현하고 있다. 이 모든 것은 인간의 참여를 중심으로 설계된 새로운 가치 순환 모델이다.

인간 중심의 경제로의 귀환

Web3는 단순히 기술로 만들어진 경제가 아니다. 그것은 인간이 다시 경제의 주체로 복귀하는 과정이다. AI와 블록체인이 결합된 새로운 시대에서, 아멕스지는 철학적 인간주의를 중심으로 한 '참여형 경제 문명'을 구축하고자 한다. 그 중심에는 언제나 '사람'이 있으며, 기술은 그 사람을 위한 수단일 뿐이다.

3
탈중앙화 시대의 새로운 리더십

 본 절은 Web3 시대의 리더십 패러다임 전환을 다룬다. 기존의 명령형 리더십은 효력을 잃고, 합의·공감·투명성을 기반으로 한 분산형 리더십이 부상한다. DAO 구조에서는 리더가 권력자가 아니라 의견을 조율하고 신뢰를 유지하는 촉진자(Facilitator)로 역할이 변화한다.

 아멕스지는 인간 중심 철학을 바탕으로 윤리와 책임을 중시하는 '지속 가능한 리더십' 모델을 제시한다. 결국 Web3 리더십의 진화는 기술이 아닌 철학적 통찰과 공동체적 가치가 이끄는 새로운 문명형 리더십의 등장을 의미한다.

명령형 리더십의 종말

산업사회에서 리더는 조직을 지시하고 통제하는 존재였다. 하지만 네트워크 사회와 Web3 생태계에서는 지식과 권한이 분산됨에 따라, 하향식 리더십은 더이상 효율적이지 않다. Web3의 조직 구조는 구성원 각자가 자율적으로 참여하고, 자신의 기여가 시스템에 직접 반영되는 구조를 필요로 한다.

합의형 리더십의 부상

Web3 리더십의 본질은 '합의(Consensus)'다. DPoS 합의 알고리즘처럼, 여러 의견이 상호검증과 참여를 통해 최적의 결론을 도출한다. 이는 민주적이며 기술적으로도 효율적인 방식으로, DAO 거버넌스의 중심 원리로 작동한다. 리더는 더이상 절대적 권한자가 아니라, 합의를 조율하는 촉진자(Facilitator)가 된다.

투명성과 신뢰의 리더십

Web3는 '신뢰의 재구성'을 목표로 한다. 기존의 리더십이 권위와 통제에서 비롯되었다면, 새로운 리더십은 투명성과 신뢰를 기반으로 한다. 모든 의사결정과 자금 흐름이 블록체인에 기록되기 때문에, 리더는 숨길 수 없고, 구성원은 언제든 검증할 수 있다. 이것이 진정한 의미의 신뢰 기반 리더십이다.

커뮤니티 중심의 리더십

DAO나 Web3 프로젝트의 리더는 개인이 아니라 커뮤니티다. 커뮤니티는 공통된 가치와 목표로 연결된 집단이며, 각 구성원의 작은 기여가 전체의 성장을 이끈다. 아멕스지의 ZIOW DAO, 질리 퀘스트(Zealy Quest) 시스템은 바로 이러한 커뮤니티 중심 리더십의 실현 모델이다.

윤리와 공감의 리더십

기술이 아무리 발전해도 인간적 가치가 결여된 리더십은 지속될 수 없다. Web3 시대의 리더는 공감(Empathy)과 윤리(Ethics)를 기반으로 커뮤니티를 이끌어야 한다. 이윤 중심의 리더가 아니라, 신뢰 중심의 리더, 인간 중심의 철학을 이해하는 리더가 필요하다.

아멕스지가 제시하는 새로운 리더십 모델

아멕스지는 Web3 철학을 기반으로 '지속 가능한 리더십'을 정의한다. 이 리더십은 권한이 아니라 책임을 중심에 두며, 기술과 철학이 조화를 이루는 리더의 역할을 강조한다. AI-ZIO, BizAuto 플랫폼, BizAuto MainNet 모두 이 리더십 철학에 따라 설계되어 있다. 리더는 권력을 행사하는 존재가 아니라, 생태계의 신뢰를 지키는 수호자다.

리더십의 진화는 철학의 진화

Web3의 시대는 권위적 리더십의 종말을 알리고 있다. 이제 리더십은 기술적 역량이 아니라 철학적 통찰, 공동체적 감수성, 인간 중심의 가치에 의해 평가된다.

아멕스지는 이러한 시대적 변화를 선도하며, '기술보다 철학이 세상을 바꾼다'는 신념 아래, 새로운 리더십 패러다임을 구현하고 있다.

4
DAO와 거버넌스의 민주화

본 절은 DAO가 구현하는 Web3 시대의 민주적 거버넌스 혁신을 다룬다.

DAO는 중앙 통제 없이 코드와 합의로 운영되는 탈중앙 자율조직으로, 신뢰와 참여의 자율성을 실현한다.

아멕스지는 DAO를 통해 토큰 경제와 정책 결정을 분산형 의사결정 구조로 운영하고 있다. 그러나 DAO는 권한 집중, 기술 오류, 법적 불확실성 등의 과제를 안고 있으며, 아멕스지는 이를 AI와 법적 프레임워크로 보완한다. 결국 DAO의 목표는 기술을 통한 민주주의의 진화이자, 철학과 인간 중심의 신뢰 회복에 있다.

중앙집중 거버넌스의 한계

기존의 조직은 중앙집중형 의사결정 구조를 기반으로 한다. 이러한 구조에서는 투명성과 공정성이 훼손되기 쉽고, 구성원의 의견이 제대로 반영되지 않는다. Web3는 이러한 문제를 기술적으로 해결할 수 있는 가능성을 제시했다. 블록체인은 신뢰를 코드화하고, DAO는 그 신뢰를 실천하는 시스템이다.

DAO의 구조와 원리

DAO는 스마트 컨트랙트를 기반으로 운영된다. 조직의 규칙과 의사결정 절차가 코드로 정의되어, 누구도 이를 임의로 변경할 수 없다. 모든 의사결정은 토큰 보유자의 투표를 통해 이루어지며, 결과는 블록체인에 투명하게 기록된다. 이로써 DAO는 '신뢰할 수 없는 환경에서 신뢰를 구현하는 조직'으로 기능한다.

DAO와 민주적 거버넌스

DAO는 기술적 민주주의를 실현한다. 모든 구성원이 평등하게 참여할 수 있고, 권한은 중앙이 아닌 네트워크 전체로 분산된다. 이는 단순한 조직 운영 방식을 넘어, 정치·경제·사회 전반의 민주적 시스템으로 확장될 수 있다. DAO는 '디지털 사회계약'의 새로운 형태다.

BizAuto 생태계의 DAO 실현

아멕스지는 DAO를 통해 Web3 거버넌스의 실제 모델을 구축하고 있다. 플랫폼의 정책 결정, 토큰 이코노미 설계, 글로벌 DAO 펀드 운영 등이 모두 탈중앙화된 의사결정 구조 위에서 이루어진다. 이는 기술적 혁신을 넘어, 기업 운영의 민주화라는 새로운 패러다임을 제시한다.

DAO 거버넌스의 도전과제

DAO는 완전한 탈중앙화를 지향하지만, 현실적으로는 몇 가지 과제가 존재한다. 예를 들어, 토큰 집중에 따른 권한 불균형, 기술적 오류로 인한 의사결정 왜곡, 법적 지위의 불명확성 등이 그것이다. 이러한 문제를 해결하기 위해 아멕스지는 AI 기반의 의사결정 분석 시스템과 법적 DAO 프레임워크를 도입하고 있다.

DAO의 윤리적 측면

DAO는 기술적 투명성을 확보하지만, 윤리적 판단은 여전히 인간의 몫이다. AI-ZIO와 결합된 DAO는 윤리적 의사결정 지원 시스템을 통해, 기술과 인간의 판단이 균형을 이루는 새로운 형태의 디지털 민주주의를 실현한다. 이는 기술 중심에서 인간 중심으로의 철학적 회귀를 의미한다.

거버넌스의 진화는 인간의 진화

DAO는 단순한 기술이 아니라, 인간 사회의 운영 방식을 다시 정의하는 실험이다. 아멕스지는 DAO를 통해 조직의 민주화를 넘어, 사회 전체의 신뢰 구조를 재구성하고 있다. 결국 진정한 거버넌스의 민주화는 기술이 아닌, 철학과 인간의 성찰에서 출발한다.

5
인간 중심 AI 문명으로의 도약

본 절은 인간 중심의 AI의 필요성에 대해 다룬다.

AI는 더이상 단순한 기술이 아니다. 그것은 인간 문명의 방향을 결정짓는 '지능의 거울'이며, Web3는 이 지능을 인간 중심으로 되돌리는 철학적 운동이다. AI-ZIO는 블록체인과 AI의 융합을 통해 '인간이 주체가 되는 지식 생태계'를 구현하며, 기술이 인간을 대체하는 것이 아니라, 인간의 가치를 확장하는 문명적 전환을 실현한다.

AI의 기술적 진화와 철학적 공백

AI는 데이터와 알고리즘의 축적을 통해 비약적인 발전을 이루었지만, 그 방향은 언제나 '효율'에 맞춰져 있었다. 문제는 기술이 발전할수록 인간의 가치와 철학이 소외된다는 점이다. AI 가 스스로 학습하고 판단할 수 있는 시대에, 그 판단의 기준은 인간이 설정해야 한다.

AI-ZIO의 철학 – 인간 지식의 자율성

AI-ZIO는 단순한 AI 검색 엔진이 아니다. 이 플랫폼은 인간의 지식 기여를 블록체인에 기록하고, 그 기여에 대한 보상을 공정하게 분배하는 '지식 자산화 시스템'이다. 즉, 데이터가 아니라 지식과 사유, 인간의 창의적 기여가 경제적 가치로 전환되는 구조다.

인간과 AI의 협력 모델

AI-ZIO는 인간과 AI의 관계를 '대체'가 아닌 '협력'으로 정의한다. AI는 인간의 질문을 학습하고, 인간은 AI의 분석을 통해 더 깊은 사고를 확장한다. 이는 기술과 철학, 도구와 존재가 서로를 보완하며 진화하는 새로운 공존의 형태다.

윤리적 AI 문명과 데이터 주권

AI의 발전은 필연적으로 윤리 문제를 동반한다. AI-ZIO는 Web3의 탈중앙화 원리를 통해 데이터 주권을 개인에게 되돌려주며, AI가 편향이나 독점의 도구가 되지 않도록 설계되어 있다. AI의 모든 학습 과정과 출력 결과가 블록체인에 기록됨으로써, 투명하고 책임 있는 AI 생태계가 구현된다.

아멕스지의 인간 중심 AI 전략

아멕스지는 'AI의 인간화'를 기업 철학으로 삼고 있다. AI-ZIO, BizAuto 플랫폼은 각각 AI의 실질적 활용과 인간 중심적 설계를 결합한다. AI는 단순히 효율을 위한 도구가 아니라, 인간의 지식과 철학을 증폭시키는 매개체로 기능한다. 이 전략은 기술보다 인간, 속도보다 방향, 데이터보다 철학을 우선시하는 비전에서 출발한다.

AI와 Web3의 문명적 융합

AI와 Web3의 결합은 단순한 기술의 융합이 아니라, 문명 구조의 재설계다. AI-ZIO를 중심으로 한 아멕스지의 비전은 인간이 다시 기술의 중심으로 복귀하는 미래를 그린다. 기술은 인간을 대체하지 않는다. 오히려 인간의 철학이 기술을 완성시킨다. 이것이 바로 인간 중심 AI 문명의 새로운 서막이다.

6
아멕스지의 미래 선언
―"철학이 기술을 완성한다"

본 절은 아멕스지의 철학 중심 기술 비전을 다룬다.

아멕스지는 기술기업이 아니라 '철학이 기술을 완성한다'는 신념을 실천하는 철학기업이다.

AI와 Web3는 인간을 대체하는 수단이 아니라, 인간의 자유와 창의성을 확장하는 도구로 설계된다. 아멕스지는 신뢰와 참여를 바탕으로 인간 중심의 지속 가능한 Web3 문명을 구축하고 있다. 결국 "기술은 인간을 바꾸지 않는다, 철학이 기술을, 그리고 사람이 문명을 바꾼다"는 선언이 그 모든 혁신의 근간이다.

기술보다 철학이 앞선다

아멕스지는 기술을 인간의 철학적 사유를 실현하는 수단으로 정의한다. 기술은 인간의 편의를 위한 것이지, 인간을 대체하기 위한 것이 아니다. 아멕스지는 AI-ZIO 플랫폼과 Web3 생태계를 통해 기술이 인간의 자유와 창의성을 확장하는 방향으로 작동하도록 설계했다.

지속 가능한 혁신의 중심 – 인간

AI와 블록체인은 스스로 진화하는 기술이지만, 그 방향을 설정하는 것은 언제나 인간이다. 아멕스지는 모든 플랫폼의 설계와 운영에 '인간 중심 설계(Human-Centric Design)' 원칙을 반영한다. 이는 기술의 지속가능성을 결정짓는 핵심 요인으로, 기술이 인간의 행복과 존엄을 지키는 수단이 되어야 함을 강조한다.

Web3 철학의 완성 – 신뢰와 참여의 문명

Web3는 단순히 탈중앙화를 의미하지 않는다. 그것은 신뢰의 재구성이고, 참여의 문명이다. 아멕스지는 블록체인 기술을 통해 신뢰를 시스템화하고, DAO 거버넌스를 통해 참여를 제도화했다. 이 두 가지 축은 기술적 진보를 넘어, 사회 구조의 철학적 혁신을 의미한다.

아멕스지의 글로벌 비전

아멕스지의 목표는 한국에서 시작된 Web3 혁신을 전 세계로 확장하는 것이다. AI-ZIO, BizAuto 플랫폼, ZIOW DAO는 모두 글로벌 시장을 향한 도약의 교두보다. 아멕스지는 기술과 철학의 조화를 통해, 인류 보편의 가치를 실현하는 글로벌 Web3 생태계를 구축하고 있다.

철학이 기술을 완성한다 – 아멕스지의 선언문

"기술은 인간을 바꾸지 않는다. 철학이 기술을, 그리고 사람이 문명을 바꾼다."

이 한 문장은 아멕스지의 모든 프로젝트를 관통하는 정신이다. AI-ZIO는 지식의 철학을, BizAuto 생태계는 경제의 철학을, BizAuto MainNet은 신뢰의 철학을 담고 있다. 아멕스지의 모든 기술은 이 철학을 구현하기 위한 도구이며, 그 목적은 인간의 존엄을 지키는 것이다.

철학이 이끄는 문명, 인간이 중심이 되는 미래

아멕스지는 기술보다 철학이 앞서는 시대를 준비한다. Web3와 AI가 결합된 새로운 문명 속에서, 기술은 철학의 손끝에서 완성되고, 철학은 인간의 손을 통해 기술을 완성시킨다.

아멕스지의 미래 선언은 단순한 비전이 아니라, 인류 문명의 다음 장을 여는 철학적 서약이다.

에필로그

대한민국에서 시작된 혁명

이 책은 기술의 이야기를 넘어, 철학과 인간의 이야기이다. 아멕스지는 단순한 블록체인 기업이 아니라, 인간 중심의 기술 문명을 설계하는 철학적 기업으로서 Web3 시대의 새로운 방향을 제시하고자 했다. AI, 블록체인, DAO, 그리고 탈중앙화된 경제 생태계는 모두 인간이 만들어낸 도구이자, 인간의 의식을 확장하는 수단이다.

'기술은 인간을 바꾸지 않는다. 철학이 기술을, 그리고 사람이 문명을 바꾼다.' 이 문장은 아멕스지의 모든 여정의 출발점이자 도착점이다. 기술은 끊임없이 진화하지만, 그 방향을 결정하는 것은 인간의 철학이다. 우리가 만드는 모든 시스템, 모든 코드, 그리고 모든 알고리즘에는 인간을 위한 가치, 인간에 대한 존중이 담겨야 한다.

대한민국에서 시작된 Web3 혁명은 이제 세계로 확산되고 있다. 기술보다 철학을, 경쟁보다 공감을 중심으로 한 새로운 문명 시대가 열린다.

1. Web3 시대의 대한민국

대한민국은 늘 변화의 최전선에 서 있었다. 산업화 시대에는 기술로, 정보화 시대에는 속도로 세상을 이끌었다. 그리고 이제 Web3 시대에는 철학으로 세계를 이끌어갈 차례다.

아멕스지의 여정은 한국의 현실에서 출발했다. 한정된 자본, 냉정한 시장, 빠른 변화 속에서도 우리는 믿었다. 기술보다 중요한 것은 철학이며, 시장보다 강력한 것은 신뢰라는 것을. 이제 우리는 대한민국의 기술력과 사고력이 세계 Web3 문명의 중심이 될 수 있음을 증명하고 있다.

2. 새로운 문명을 향한 다리 위에서

AI-ZIO가 지식의 문을 열고, BIZA-CarnegieMall이 거래의 질서를 세우며, BIZA-MetaWorld가 현실과 가상을 잇는 다리가 되었다.

우리가 만든 플랫폼은 단순한 비즈니스가 아니다. 그것은 사람과 사람을 연결하고, 국가와 국가를 잇는 신뢰의 인프라다.

대한민국에서 시작된 이 혁명은 이제 미국, 두바이, 싱가포르, 영국, 독일로 뻗어가고 있다. 기술로 국경을 넘어, 철학으로 문명을 잇는다.

3. 우리는 여전히 길 위에 있다

이 책을 덮는 지금도 혁신의 여정은 계속되고 있다. 우리는 완성된 문명을 말하는 것이 아니라, 지속적으로 진화하는 매일의 실험, 매일의 실패, 그리고 그 속에서 쌓여가는 신뢰의 기록이 곧 우리의 역사임을 말하고 있다. 우리는 아직 길 위에 있고, 그 길의 끝에는 더 나은 인간, 더 나은 사회, 그리고 더 따뜻한 기술이 있을 것이다.

아멕스지는 앞으로도 인간 중심의 Web3 생태계를 확장해 나갈 것이다. AI-ZIO를 통해 인간의 지식이 자산으로 순환하고, BizAuto 생태계를 통해 신뢰가 경제의 중심이 되고, DAO를 통해 거버넌스가 민주적으로 진화하는 사회를 만들어갈 것이다. 그 중심에는 언제나 기술이 아닌 사람이 있을 것이다.

감사의 글

이 책의 집필은 수많은 동료, 파트너, 그리고 연구자들의 헌신적 기여 덕분에 가능했다. 아멕스지그룹의 모든 구성원들, BizAuto 개발팀, BizAuto 플랫폼 실무진, AI-ZIO 프로젝트팀, 그리고 각 DAO 커뮤니티의 글로벌 회원들에게 진심으로 감사의 마음을 전한다.

특히 '기술보다 철학이 세상을 바꾼다'는 신념으로 함께 걸어온 동료들에게, 그들의 열정과 헌신이 있었기에 아멕스지의 비전이 현실이 될 수 있었다고 말하고 싶다. 또한, 이 여정에 함께해준 가족과 친구들에게 깊은 사랑과 감사를 전한다. 그리고 대한민국에 감사를 드린다.

1. 함께 걸어온 사람들에게

이 여정은 나 혼자의 것이 아니었다.

아멕스지의 수많은 동료들,

함께 밤을 새워 코드 한 줄을 완성하고

비전을 현실로 옮겨온 팀원들과 개발자들,

그대들의 헌신이 곧 이 혁명의 토대였다.

그리고 언제나 믿음으로 동행해준

가족, 파트너, 투자자, 커뮤니티 멤버들.

그대들의 신뢰가 없었다면

이 책에 담긴 모든 이야기는 존재할 수 없었을 것이다.

2. 나의 조국, 대한민국에

아멕스지의 철학은 한국의 정신에서 태어났다.

도전, 인내, 그리고 끝까지 해내는 DNA.

이 작은 나라가 세계 무대에서

혁신을 주도할 수 있었던 이유는

기술이 아니라 사람의 열정이었다.

대한민국이라는 토양 위에서

Web3 혁명의 씨앗이 자랄 수 있었음에

깊은 감사를 드린다.

3. 미래의 설계자들에게

이 책을 읽는 누군가가
또 다른 혁명의 불씨가 되길 바란다.
새로운 기술을 만들고자 하는 젊은이들에게,
새로운 시장을 꿈꾸는 기업가들에게,
새로운 질서를 설계하고자 하는 연구자들에게,
이 말을 전하고 싶다.
"당신의 철학이 곧 기술이 된다.
당신의 신념이 곧 문명을 설계한다."
아멕스지는 한 기업의 이름을 넘어서서,
하나의 철학, 하나의 사명으로 남고 싶다.
그리고 언젠가, 이 철학이 세계 곳곳의 혁신가들에게
영감이 되기를 소망한다.

4. 마지막으로

하늘이 인간에게 주신 최고의 선물은 "생각할 자유"다.
그리고 그 자유를 기술로 구현하는 것이 우리의 사명이다.
나는 믿는다.
Web3 혁명은 기술이 아니라 인간의 의지로 완성될 것이
라는 것을.

이 책이 AI와 Web3, 그리고 미래 문명에 대한 새로운 통찰을 제공하길 바란다.

우리 모두가 기술의 소비자가 아니라, 기술의 철학을 이끄는 주체로 서는 그날까지 아멕스지는 변함없이 '철학이 기술을 완성한다'는 믿음으로 나아갈 것이다.

"기술은 인간을 바꾸지 않는다.
철학이 기술을, 그리고 인간이 세상을 바꾼다."

- 최정무 아멕스지그룹 회장

부록 산업연구 논문

Web 3.0 기반 탈중앙화 플랫폼이 전통 산업에 미치는 영향

The Impact of Web 3.0-Based Decentralized Platforms on Traditional Industries

최정무 아멕스지그룹 회장

목차

〈초록〉

1. 서론
1.1 연구 배경
1.2 연구 목적 및 범위
1.3 연구 방법론
1.4 요약

2. 이론적 배경
2.1 Web 3.0의 개념과 주요 특징
2.2 블록체인과 스마트 컨트랙트의 역할
2.3 탈중앙화 플랫폼의 원리와 사례

3. 전통 산업 구조와 한계
3.1 중앙집중형 산업 구조의 역사적 배경
3.2 제조 산업의 한계: 복잡한 공급망과 정보 비대칭
3.3 금융 산업의 한계: 독점적 구조와 접근성 격차
3.4 유통 산업의 한계: 플랫폼 독점과 데이터 남용
3.5 공통적 한계의 종합 분석
3.6 요약

4. 산업별 영향 분석
4.1 금융 산업(DeFi: Decentralized Finance)
4.2 유통 및 물류 산업
4.3 제조 및 공급망 산업
4.4 미디어 및 콘텐츠 산업
4.5 요약 및 시사점

5. 융합 및 도입 전략

5.1 Web 3.0 통합 전략의 필요성
5.2 하이브리드 아키텍처 설계
5.3 데이터 상호운용성과 표준화 전략
5.4 기업 시스템 통합 전략
5.5 점진적 도입 로드맵
5.6 KPI 기반 성과 관리
5.7 규제 및 거버넌스 전략
5.8 사용자 경험(UX) 혁신 전략
5.9 지속 가능한 생태계 구축
5.10 결론

6. 도입 과제와 완화책

6.1 기술적 과제: 확장성과 보안
6.2 규제적 과제: 관할권과 법제 조화
6.3 수용성 과제: 교육과 사용자 경험(UX)
6.4 종합적 완화 전략

7. 사례 분석

7.1 성공 포인트 스냅샷
7.2 실패 사례와 교훈
7.3 종합 평가

8. 결론 및 제언

8.1 결론
8.2 정책 제언
8.3 기업 제언
8.4 맺음말

참고문헌

〈초록〉

Web 3.0 기반 탈중앙화 플랫폼이 전통 산업에 미치는 영향

- 최정무/아멕스지그룹 회장

본 축약 논문은 Web 3.0 기반의 탈중앙화 플랫폼이 전통 산업의 구조적 한계를 어떻게 개선하는지에 대해 정리한다. 핵심 가치는 데이터 주권, 무신뢰 신뢰(trustless trust), 스마트 컨트랙트 기반의 자동화, 토큰 인센티브, 상호운용성이며, 산업별 임팩트는 금융(DeFi), 유통·물류(추적성/효율), 제조(공급망/품질), 미디어·콘텐츠(창작자 수익화) 순으로 요약한다. 성공의 관건은 하이브리드 통합(온/오프체인), 거버넌스·규제 적합성, 보안·확장성, 사용자 경험(UX)에 있고, 점진 도입·표준화·컴플라이언스 연계를 제안한다.

핵심요약(Executive Summary)

- **문제 정의**: 전통 산업은 중앙화 구조로 인해 △데이터 독점 △

불투명성 △중개 비용 △단일 실패 지점(SPoF) 등의 한계를 보유.

- **해결 가설**: Web 3.0은 분산원장과 스마트 컨트랙트로 "신뢰 가능한 자동화"를 제공하여 비용·속도·투명성을 개선.
- **핵심 효과**: (1) 운영 자동화 → OPEX 절감 (2) 추적성·품질 보증 (3) 기여 기반 보상 설계 (4) 글로벌 접근성 강화.
- **도입 프레임**: 하이브리드 아키텍처 + API 미들웨어 + 표준화 + 거버넌스(DAO) + 규제 적합(AML/KYC, 데이터 보호).
- **리스크/대응**: 확장성(L2/롤업)·보안(감사/포멀 검증)·규제(샌드박스)· 수용성(UX 단순화, 가스 추상화).

1. 서론

1.1 연구 배경

21세기 들어 4차 산업혁명과 디지털 전환의 가속화는 산업 전반에 근본적인 변화를 촉발시키고 있다. 인공지능(AI), 사물인터넷(IoT), 클라우드, 블록체인과 같은 첨단 기술이 융합되면서 기업들은 효율적이고 투명한 데이터 중심의 가치사슬(Value Chain) 구축을 요구받고 있다. 이러한 변화의 중심에는 데이터가 새로운 경제적 자산으로 부상하면서, 이를 어떻게 안전하고 신뢰성 있게 관리할 것인가 하는 문제가 자리 잡고 있다.

그러나 기존의 중앙집중형 시스템은 이러한 변화의 속도를 따라가기 어렵다. 중앙화된 모델은 정보의 흐름과 권한이 특정 기관이나 기업에 집중되어 있어, 독점적 지배구조를 형성하고 불투명한 운영으로 이어지는 한계를 지닌다. 특히 데이터 독점으로 인한 시장 불균형, 해킹이나 시스템 장애와 같은 보안 리스크, 특정 주체의 검열 및 통제, 그리고 참여자 간 불공정한 수익 분배 문제는 전통 산업이 직면한 구조적 한계로 지적된다.

이와 같은 한계 속에서 Web 3.0의 패러다임은 새로운 대안으로 주목받고 있다. Web 3.0은 블록체인 기술을 기반으로 한 탈중앙화(Decentralization), 데이터 주권(Data Sovereignty), 투명성(Transparency), 그리고 자동화(Automation)를 핵심 가치로 한다. 중앙기관에 의존하지 않고도 신뢰를 보장하는 분산형 네트워크를 통해, 참여자 모두가 공정하게 데이터와 가치를 공유할 수 있는 생태계를 구현한다. 이러한 변화는 단순히 기술적 혁신을 넘어, 산업 구조와 비즈니스 모델 자체를 재정의하는 새로운 경제 패러다임의 전환을 의미한다.

따라서 Web 3.0의 확산은 단순한 기술적 진보가 아니라, 산업 운영의 패러다임 전환을 이끄는 핵심 동력이 되고 있다. 본 연구는 이러한 흐름 속에서 전통 산업이 Web 3.0 기술을 수용할 때 어떤 구조적 변화와 혁신적 효과를 가져올 수 있는지를 심층적으로 탐구하고자 한다.

1.2 연구 목적 및 범위

본 연구의 주요 목적은 Web 3.0이 전통 산업의 생산성, 경쟁력, 그리고 지속가능성에 미치는 영향을 분석하는 것이다. 이를 위해 Web 3.0 기술의 철학적·기술적 특성과 전통 산업의 운영 구조를 비교하고, 양자의 결합이 만들어낼 수 있는 시너지와 도전 과제를 동시에 검토한다. 또한 탈중앙화 플랫폼이 단순히 기술적 혁신을 넘어, 산업 생태계의 신뢰와 효율성을 어떻게 향상시킬 수 있는지를 정량적(경제적 효과)·정성적(조직문화, 가치사슬 변화) 관점에서 분석한다.

연구의 범위는 Web 3.0 기술이 도입될 가능성이 높고, 산업 구조상 변화의 파급효과가 클 것으로 예상되는 4대 산업 영역—금융, 유통·물류, 제조, 미디어·콘텐츠—으로 한정하였다. 각 산업은 중앙집중형 구조가 뚜렷하고, 정보 비대칭성과 중개 비용의 문제가 크다는 공통점을 지닌다. 따라서 이들 산업은 Web 3.0 기술의 도입을 통해 가장 실질적인 효과를 기대할 수 있는 분야로 선정되었다.

또한 본 연구는 기술 도입에 따른 통합 전략, 규제 대응, 사용자 수용성 문제를 추가 분석 대상으로 포함한다. 이는 Web 3.0이 기술적으로 뛰어난 잠재력을 지니더라도, 실제 산업 현장에 적용되기 위해서는 제도적 기반과 사회적 수용이 반드시 뒷받침되어야 함을 전제로 하기 때문이다. 따라서 기술적 분석뿐 아니라 제도적·사회적 측면까지 포괄적으로 다루어, Web 3.0 기반 산업 전환의 현실적 가능성을 탐구한다.

1.3 연구 방법론

본 연구는 문헌 분석, 사례 연구, 시나리오 분석의 3단계 접근법을 채택하였다.

첫째, 문헌 리뷰(Literature Review)를 통해 Web 3.0, 블록체인, 스마트 컨트랙트, DAO 등과 관련된 기존 연구를 폭넓게 검토하였다. 이를 통해 기술적 개념과 발전 방향을 명확히 정의하고, 전통 산업과의 접점을 이론적으로 도출하였다.

둘째, 대표 사례 분석(Case Study)을 수행하여 각 산업에서 Web 3.0 기술이 적용된 성공 및 실패 사례를 비교하였다. 금융(DeFi), 물류(TradeLens), 제조(공급망 추적), 미디어(NFT 기반 창작자 보상) 등 실제 사례를 중심으로 산업별 특성과 적용 가능성을 검증하였다. 이를 통해 Web 3.0 도입의 주요 성공 요인과 한계를 도출하였다.

셋째, 시나리오 분석(Scenario Analysis)을 통해 기술 도입이 산업에 미칠 경제적·운영적 영향을 예측하였다. 탈중앙화 플랫폼이 전통 산업의 가치사슬에 미치는 변화를 다양한 시나리오로 설정하고, 효과(효율성 향상·비용 절감)와 리스크(보안·규제·수용성)를 평가하였다.

마지막으로, 분석 결과를 토대로 실행 로드맵(Implementation Roadmap)을 제시하였다. 이는 Web 3.0 기술을 산업 현장에 단계적으로 도입하기 위한 전략적 가이드로서, 기술적 도입 절차, 거버넌스 모델, 규제 적합성, 사용자 교육 및 생태계 구축 방안을 포함한다.

1.4 요약

요약하자면, 본 연구는 Web 3.0이 제시하는 탈중앙화 기술 패러다임이 전통 산업의 한계를 극복하고, 신뢰와 효율성 기반의 지속 가능한 경제 생태계를 구현할 수 있는지에 대한 해답을 제시하는 데 초점을 둔다. 이를 위해 기술적 관점뿐 아니라 산업적·사회적·제도적 맥락을 포괄적으로 고려함으로써, Web 3.0이 미래 산업 전환의 핵심 인프라로 자리잡기 위한 현실적 전략을 모색한다.

2. 이론적 배경

2.1 Web 3.0의 개념과 주요 특징

Web 3.0은 인터넷의 차세대 진화 형태로, 중앙집중형 정보 관리에서 벗어나 사용자가 데이터의 주체가 되는 분산형 생태계를 지향한다. Web 1.0이 '정보의 제공', Web 2.0이 '참여와 공유'의 시대였다면, Web 3.0은 '소유와 신뢰'를 중심으로 한 참여자 주도형 인터넷이다.

핵심 특징은 다음과 같다.

① **탈중앙화(Decentralization)**: 중앙 서버 대신 다수의 참여자가 데이터를 공동 저장·검증함으로써 조작과 검열을 방지한다.

② **데이터 주권(Data Sovereignty)**: 사용자가 자신의 데이터를 지갑 형태로 직접 보관·관리하며, 필요한 경우만 선택적으로 공유한다.

③ **스마트 컨트랙트(Smart Contract)**: 조건 충족 시 자동 실행되는 계약 코드로, 중개자 없이 거래·정산을 수행하여 비용과 시간을 절감한다.

④ **토큰 이코노미(Token Economy)**: 사용자의 참여와 기여를 보상하는 인센티브 구조로, 생태계의 자율적 성장 동력을 제공한다.

⑤ **상호운용성(Interoperability)**: 블록체인 간 데이터 교환을 가능하게 하여 플랫폼 간 단절을 해소하고, 통합 디지털 환경을 조성한다.

⑥ **사용자 중심 UX(User-centric Experience)**: AI와 머신러닝을 활용하여 사용자의 선호와 신뢰도를 분석하고, 개인 맞춤형 서비스를 제공한다.

즉, Web 3.0은 기술적 진보를 넘어 인간 중심의 데이터 소유, 투명한 경제 구조, 참여형 생태계를 구축하는 새로운 인터넷 패러다임이다.

2.2 블록체인과 스마트 컨트랙트의 역할

Web 3.0의 기술적 기반은 블록체인과 스마트 컨트랙트이다.

① **블록체인(Distributed Ledger)**: 네트워크 참여자들이 공동으로 거래를 검증하고, 결과를 불변의 블록 형태로 기록한다.
- **불변성(Immutability)**: 과거 기록 위조가 불가능.
- **투명성(Transparency)**: 거래 내역이 공개되어 신뢰 확보.
- **보안성(Security)**: 중앙 서버 의존을 배제해 단일 장애점(SPoF)을 제거.

② **스마트 컨트랙트(Smart Contract)**: 사전 정의된 조건이 충족되면 계약이 자동으로 실행되는 프로그램 코드이다.
- **자동화**: 거래·정산·검수 등이 자동 처리.
- **정확성**: 인간의 오류나 해석 차이 감소.
- **비용 절감**: 중개자·공증기관 제거로 OPEX 절감.

이 두 기술의 결합은 "신뢰 가능한 자동화(Trustworthy Automation)"를 실현한다. 인간의 개입 없이도 계약이 안전하게 실행되며, 효율과 투명성이 동시 달성된다.

2.3 탈중앙화 플랫폼의 원리와 사례

탈중앙화 플랫폼은 중앙기관 없이 참여자들이 네트워크를 공동 운영하는 구조로, Web 3.0 철학의 실질적 구현체이다.

- **분산 저장과 검증**: 모든 데이터가 다수 노드에 분산되어 저장·검증된다.
- **SPoF 제거**: 특정 노드 장애가 전체 시스템에 영향을 주지 않는다.
- **참여자 주권 강화**: 개인이 자산과 데이터를 직접 소유·통제한다.

대표적인 사례는 다음과 같다.

산업	Web 3.0 적용 사례	주요 효과
금융(DeFi)	Uniswap - 자동화시장조성자(AMM) 기반 탈중앙 거래	거래비용↓, 접근성↑
콘텐츠	OpenSea - NFT 발행·판매 및 로열티 자동 분배	창작자 수익 확대
신원 인증(DID)	Civic, uPort - 개인이 신원 데이터를 직접 관리	개인정보 보호 강화
공급망 관리	VeChain - 생산·운송 이력 블록체인 기록	위조 방지, 추적성 향상

이러한 구조는 중개 단계를 줄이고, P2P 거래를 통한 경제적 민주화를 실현한다. 결국 탈중앙화 플랫폼은 "신뢰를 코드로 구현"하여, 산업의 효율성과 투명성을 동시에 높이는 Web 3.0의 실질적 구현체라 할 수 있다.

3. 전통 산업 구조와 한계

3.1 중앙집중형 산업 구조의 역사적 배경

20세기 산업화의 핵심 구조는 중앙집중형 관리체계였다. 대규모 생산과 유통을 효율적으로 통제하기 위해 기업은 정보와 의사결정 권한을 본사·중앙기관에 집중시켰다. 이 구조는 일정 기간 동안 비용 효율성과 품질 통제에 기여했지만, 21세기 디지털 전환(Digital Transformation)과 데이터 경제(Data Economy) 시대에는 새로운 비효율과 한계를 드러내고 있다.

중앙집중형 산업 구조는 다음과 같은 공통적 문제를 가진다.

- **정보 비대칭**: 공급망과 소비자 간 데이터 공유 부족.
- **비효율적 중개 구조**: 여러 단계를 거치며 비용 상승.
- **투명성 결여**: 거래, 정산, 품질 관리 등에서 불투명성 증가.

- **데이터 사일로(Data Silo)**: 각 기관·기업이 데이터를 폐쇄적으로 운영해 상호 연동 불가.

이러한 구조적 한계는 제조·금융·유통 산업 전반에서 동일하게 나타나며, 이는 Web 3.0이 해결해야 할 근본적 문제로 이어진다.

3.2 제조 산업의 한계: 복잡한 공급망과 정보 비대칭

제조 산업은 수많은 협력사, 유통사, 물류 네트워크로 연결된 다단계 공급망 구조를 기반으로 운영된다. 이 과정에서 발생하는 가장 큰 문제는 정보의 비대칭성(Information Asymmetry)이다.

① **Bullwhip Effect(채찍효과)**: 최종 수요 정보가 공급망 상단으로 전달되는 과정에서 왜곡되어, 과잉 생산 또는 재고 부족을 초래한다. 이는 생산계획의 불확실성과 원자재 낭비를 유발한다.

② **원산지 및 품질의 불투명성**: 제품이 여러 단계를 거치며 이동할수록, 각 단계의 품질 검수 기록이나 원산지 데이터가 명확히 관리되지 않는다. 이는 위조 제품, 품질 이슈, 리콜 대응의 비효율로 이어진다.

③ **공급망 리스크의 연쇄성**: 한 공급업체의 장애가 전체 생산라인을 중단시킬 수 있는 구조적 취약성이 존재한다. 코로나19 팬

데믹 이후 이러한 리스크는 전 세계 제조망의 불안정성을 보여주었다.

이처럼 제조 산업은 여전히 '신뢰 기반 추적 시스템'의 부재라는 근본 문제를 안고 있다. Web 3.0의 탈중앙화 원장은 이러한 구조를 개선할 수 있는 핵심 기술적 대안으로 주목받고 있다.

3.3 금융 산업의 한계: 독점적 구조와 접근성 격차

금융 산업은 오랜 기간 중앙집중형 네트워크를 통해 안정성과 신뢰를 확보해 왔지만, 동시에 높은 중개비용, 낮은 접근성, 보안 리스크라는 문제를 낳았다.

① **높은 중개 비용**: 은행, 결제기관, 증권사, 보험사 등 다단계 중개 구조로 인해 거래당 수수료가 누적된다. 단일 송금이나 대출 절차에도 다수의 기관이 개입하면서, 금융 서비스의 효율성은 현저히 떨어진다.

② **금융 접근성 격차**: 선진국과 달리 개발도상국에서는 은행 계좌조차 없는 인구가 여전히 많다. 특히 소상공인·프리랜서 등 비정형 경제 활동자는 신용평가 시스템의 사각지대에 놓여 금융 포용성이 부족하다.

③ **보안 및 개인정보 리스크**: 중앙 서버 기반의 금융 시스템은 해킹이나 내부 유출 사고의 위험에 노출되어 있다. 또한 개인정보와 거래 기록이 집중적으로 저장되므로, 데이터 침해 시 피해 규모가 매우 크다.

결국 기존 금융 구조는 신뢰를 제공하는 대신 비용과 통제 중심의 불균형적 구조로 발전해 왔으며, 이는 Web 3.0의 탈중앙화 금융(DeFi)이 도전하는 주요 영역이 되고 있다.

3.4 유통 산업의 한계: 플랫폼 독점과 데이터 남용

유통 산업은 디지털 전환의 선두주자이지만, 실제로는 플랫폼 독점 구조와 데이터 불균형이라는 새로운 문제를 낳고 있다.

① **플랫폼 독점화**: 글로벌 전자상거래 기업들이 시장 점유율을 독점하면서, 입점 업체는 높은 수수료(10~30%)를 부담해야 한다. 이로 인해 중소 유통업체의 수익 구조는 점점 악화되고 있다.

② **데이터 불균형 및 남용**: 플랫폼은 판매자·소비자·상품 정보를 모두 보유하고 있어 경쟁사 대비 압도적 데이터 우위를 점한다. 일부 플랫폼은 이 데이터를 자사 상품 개발에 활용하며,

입점 업체의 매출 정보를 역이용하는 사례도 발생한다.

③ **소비자 정보의 상업적 이용**: 개인화 추천, 맞춤형 광고를 이유로 소비자의 행동 데이터를 과도하게 수집·활용하면서 개인정보 보호 문제와 신뢰 하락이 동시에 발생한다. 결과적으로 유통 산업은 효율적이지만 불공정한 구조로 고착화되었다.

탈중앙화 기반의 Web 3.0 모델은 이 문제를 P2P 거래, NFT 인증, 토큰 보상 구조 등을 통해 사용자에게 데이터와 수익을 환원하는 방향으로 해결할 수 있다.

3.5 공통적 한계의 종합 분석

제조, 금융, 유통 산업 모두 다음 네 가지 공통된 구조적 한계를 공유한다.

- **중앙집중화(Centralization)**: 모든 데이터와 의사결정이 특정 주체에 집중되어, 시장 왜곡과 독점 구조를 초래한다.
- **비효율(Inefficiency)**: 다단계 중개 과정과 불필요한 관리비용으로 인해 생산성이 저하된다.
- **데이터 사일로(Data Silo)**: 부서·기관 간 데이터가 단절되어, 정보 공유 및 협업이 불가능하다.

- **신뢰 부족**(Lack of Transparency): 거래 과정과 기록이 불투명하여, 분쟁과 불신이 반복된다.

3.6 요약

결국 전통 산업의 본질적 한계는 "신뢰의 비효율"에 있다. 즉, 모든 시스템이 신뢰를 유지하기 위해 과도한 비용과 절차를 필요로 하는 구조이다. Web 3.0은 이러한 비효율을 기술로 대체함으로써, "신뢰 가능한 자동화(Trustworthy Automation)"라는 새로운 산업 구조를 제시한다. 이러한 구조 전환은 단순한 기술 혁신이 아니라 산업 운영 철학의 근본적인 변화를 의미하며, 이는 이후 장(4~8장)에서 논의될 각 산업별 적용과 도입 전략의 출발점이 된다.

4. 산업별 영향 분석

4.1 금융 산업(DeFi: Decentralized Finance)

(1) 가치와 의의

Web 3.0의 핵심 산업 중 하나인 탈중앙화 금융(DeFi)는 기존 금융 시스템의 구조적 한계를 극복할 수 있는 혁신 모델로 주목받고 있다. DeFi는 중앙 금융기관이나 은행 없이, 블록체인상의 스마트 컨트랙트를 통해 예금, 대출, 거래, 보험, 파생상품 등 다양한 금융 서비스를 자동으로 실행한다. 이러한 구조는 무허가성 접근(Permissionless Access), 수수료 절감, 상품 혁신을 실현함으로써 금융 접근성과 효율성을 동시에 높인다.

DeFi의 가장 큰 장점은 전 세계 누구나 인터넷과 지갑만 있으면 금융 서비스에 참여할 수 있다는 점이다. 이는 기존 은행 인프라가 부족한 지역에서도 금융 포용성을 확대시키며, 개인 간 직접 거래(P2P 금융)를 가능하게 한다. 또한 스테이킹(Staking), 유동성 풀(Liquidity Pool), 담보 대출(Over-collateralized Loan), RWA(Real World Asset) 토큰화 등 다양한 상품 구조가 등장하면서 금융 시장의 혁신을 가속화하고 있다.

(2) 주요 리스크와 과제

DeFi의 확산에는 몇 가지 핵심 리스크가 수반된다. 첫째, 스마트 컨트랙트 취약점이다. 코드 오류나 해킹으로 인한 손실이 실제로 발생한 사례가 많으며, 이는 중앙 통제 시스템이 없다는 점에서 피해 복구가 어렵다. 둘째, 시빌(Sybil) 공격과 MEV(Maximal Extractable Value) 문제는 블록체인의 공정성을 훼손할 수 있다. 마지막으로,

규제 적합성 문제이다. 익명성과 탈중앙화 특성으로 인해 AML/KYC(자금세탁방지/고객확인) 규제를 충족하기 어렵다.

(3) 대응 및 권고 사항

안전한 DeFi 생태계 구축을 위해서는 규제 게이트드 접근(허가형 풀)을 도입하여 AML/KYC 인증된 사용자를 중심으로 운영할 필요가 있다. 또한 보안 감사(Audit) 및 버그 바운티 제도를 활성화하여 스마트 컨트랙트의 취약점을 사전에 점검해야 한다. 오라클(Oracle) 시스템을 다중화하고, 분산 데이터 공급자를 활용함으로써 외부 데이터 조작 리스크를 줄이는 것도 중요하다.

4.2 유통 및 물류 산업

(1) 가치와 적용 가능성

유통·물류 산업은 상품이 제조에서 소비까지 이동하는 전 과정을 관리하는 핵심 산업이다. 그러나 기존 시스템은 복잡한 유통망, 위변조 위험, 비효율적인 정산 과정 등 구조적 문제를 안고 있다. Web 3.0은 출처 추적(Traceability)과 위변조 방지, 실시간 상태 데이터(IoT 연계), 스마트 정산을 통해 이러한 문제를 해결할 수 있다.

상품의 생산 이력, 운송 상태, 보관 온도, 통관 기록 등을 블록체인에 기록하면, 모든 이해관계자가 동일한 데이터를 공유하게 되어 신뢰성과 투명성이 확보된다. 특히 식품, 의약품, 명품 등 위조 위험이 높은 산업에서 진위 검증(Proof of Origin) 기술은 필수적이다. 또한 IoT 센서를 연계하여 실시간으로 상품의 상태를 블록체인에 업데이트하면, 물류 품질 관리가 자동화된다.

(2) 주요 효과

블록체인을 적용한 유통 시스템은 리콜 단축, 분쟁 감소, 운송·통관 리드타임 단축 등의 효과를 가져온다. 상품 이상이 발견되면 즉시 해당 배치를 추적하여 리콜할 수 있으며, 운송 과정에서 발생하는 손실이나 지연도 자동 감지·기록되어 신속히 대응할 수 있다. 이로써 고객 신뢰도는 향상되고, 공급망 효율성은 극대화된다.

(3) 구현 전략 및 권고

유통·물류 분야에서는 GS1 표준 및 EPCIS(Electronic Product Code Information Services)와 같은 국제표준을 블록체인 시스템에 연동하여 상호운용성을 확보해야 한다. 또한, 거래 정보가 모두 공개되는 구조적 한계를 보완하기 위해 프라이버시 강화형 온체인 기술(Zero-Knowledge Proof, ZKP)을 도입하는 것이 바람직하다. 이를 통해 거래의 투명성과 개인정보 보호를 동시에 달성할 수 있다.

4.3 제조 및 공급망 산업

(1) 가치와 혁신 포인트

제조업은 복잡한 공급망 구조로 인해 원자재 조달, 부품 품질, 납품 이력의 투명성이 낮은 산업이다. Web 3.0 기술은 부품 이력 온체인화, 자동 발주 시스템, 위조 방지, 품질·감사 추적 등을 통해 제조 생태계를 근본적으로 혁신한다. 각 부품이나 원자재의 생산지, 납품일자, 품질검사 결과 등을 블록체인에 기록함으로써 모든 참여자가 동일한 정보를 공유하고, 품질 불량이나 공급 지연에 대한 책임 소재를 명확히 할 수 있다.

(2) 효율화 효과

스마트 컨트랙트를 활용한 자동 정산 및 페널티 부과 시스템은 거래 처리 속도를 향상시키고, 계약 이행률을 높인다. 공급사 간의 신뢰 관계가 자동화되면서 다중 공급망 리스크가 분산된다. 또한 제조 과정에서 발생하는 품질 데이터가 실시간으로 기록되어, 추후 제품 결함 분석 및 예측 정비에도 활용될 수 있다. 결과적으로 생산성 향상과 함께 불량률, 재고 비용, 납기 지연이 크게 감소한다.

(3) 권고 및 적용 모델

제조업의 Web 3.0 전환을 위해서는 PLM(Product Lifecycle Management), ERP(Enterprise Resource Planning) 시스템과 연동 가능한 API 게이트웨이를 구축해야 한다. 또한, 디지털 트윈(Digital Twin) 기술을 활용하여 실제 공정 데이터를 블록체인과 연계하면, 가상공간에서의 품질 관리 및 공정 시뮬레이션이 가능해진다. 마지막으로, 이벤트 소싱(Event Sourcing) 표준화를 통해 각 생산 단계별 로그 데이터를 일관된 형식으로 기록하는 것이 중요하다.

4.4 미디어 및 콘텐츠 산업

(1) 가치와 혁신적 전환

Web 3.0은 미디어·콘텐츠 산업에도 근본적인 변화를 가져온다. 기존의 중앙 플랫폼 중심 구조에서는 창작자들이 유통사나 플랫폼에 의존하며, 수익의 상당 부분을 중개 수수료로 잃는 문제가 있었다. 블록체인 기반 시스템은 창작물의 소유권을 NFT(Non-Fungible Token)로 증명하고, 온체인 로열티 시스템을 통해 수익이 자동 분배되도록 한다. 또한, 팬이나 커뮤니티가 토큰 보유자로서 창작 과정에 참여함으로써 새로운 형태의 참여형 거버넌스가 형성된다.

(2) 수익화 구조

NFT를 활용하면 1차 판매뿐 아니라 2차 거래에서도 창작자에게 일정 비율의 로열티가 자동으로 지급된다. 이는 기존 저작권 모델의 한계를 극복하고, 창작자 중심의 수익 구조를 구축한다. 또한, 크라우드 펀딩 기반 NFT 발행을 통해 팬들이 초기 자금 조달에 참여할 수 있으며, 향후 작품의 가치 상승에 따른 수익도 공유할 수 있다. 이러한 구조는 단순한 콘텐츠 소비를 넘어, 팬이 직접 창작 생태계의 일원으로 참여하는 Fan-to-Earn 모델을 실현한다.

(3) 제도 및 운영 권고

콘텐츠 산업의 Web 3.0 전환을 위해서는 크리에이터 온보딩 UX를 개선하여 비전문가도 쉽게 NFT를 발행할 수 있도록 해야 한다. 동시에 저작권 및 세무 가이드라인을 명확히 제정해 탈세 및 권리 분쟁을 예방할 필요가 있다. 커뮤니티 단위의 DAO 거버넌스를 도입해, 콘텐츠 제작·홍보·수익 분배에 대한 투명한 의사결정 구조를 갖추는 것도 중요하다.

4.5 요약 및 시사점

Web 3.0 기술은 산업별로 다른 문제를 해결하지만, 모든 산업에 공통적으로 투명성, 효율성, 신뢰성 강화라는 긍정적 효과를 제공한다. 금융에서는 중개비 절감과 접근성 향상을, 유통에서는 위변조 방지와 리드타임 단축을, 제조에서는 품질관리 혁신을, 미디어 산업에서는 창작자 중심의 새로운 경제모델을 창출한다.

그러나 기술의 성공적 도입을 위해서는 산업별 특성에 맞춘 보안, 규제, 표준화 전략이 병행되어야 하며, 단순한 기술 적용을 넘어 거버넌스 설계와 사용자 경험 혁신이 병행되어야 한다.

5. 융합 및 도입 전략

5.1 Web 3.0 통합 전략의 필요성

전통 산업이 Web 3.0 기술을 도입하기 위해서는 단순히 블록체인을 적용하는 수준을 넘어, 기존 시스템과의 하이브리드 통합 전략을 수립해야 한다. 블록체인은 신뢰성과 투명성을 제공하지만, 대규모 데이터 처리나 실시간 연산에는 한계가 있다. 따라서 온체인(On-Chain)과 오프체인(Off-Chain)의 역할을 구분하고, 이를 유기적으로 연결하는 아키텍처 설계가 필수적이다.

온체인은 거래 기록, 계약 이행, 정산 등 신뢰 기반 프로세스를 담당하고, 오프체인은 대규모 데이터 분석, 실시간 제어, 민감 정보 처리 등을 담당하는 구조가 이상적이다. 이를 통해 시스템의 성능과 보안을 모두 확보할 수 있다.

5.2 하이브리드 아키텍처 설계

Web 3.0 도입의 핵심은 블록체인과 기존 IT 시스템 간의 하이브리드 구조 구축이다. 온체인은 투명한 거래와 신뢰 검증을 담당하고, 오프체인은 대용량 데이터와 복잡한 연산을 처리한다. 이러한 통합 구조를 통해 전통 산업의 속도와 효율성을 유지하면서도 탈중앙화의 이점을 확보할 수 있다.

- **온체인 계층(On-Chain Layer)**: 거래, 스마트 컨트랙트, 자산 관리 등 핵심 데이터의 신뢰 확보.
- **오프체인 계층(Off-Chain Layer)**: 데이터 저장, 분석, 머신러닝, 사용자 인증 등 성능 중심 프로세스.
- **미들웨어(Middleware)**: 온체인과 오프체인을 연결하는 API 게이트웨이 역할을 수행하며, 데이터 변환과 표준화, 보안 필터링을 담당.

이 구조는 특히 공급망, 금융, 유통 분야에서 실시간 처리와 신뢰성 확보를 동시에 달성할 수 있는 현실적인 방안으로 평가된다.

5.3 데이터 상호운용성과 표준화 전략

Web 3.0의 가치는 데이터의 상호운용성(Interoperability)에서 극대화된다. 기존 산업에서는 기업 간 시스템이 서로 다른 데이터 포맷과 프로토콜을 사용해 효율적 협업이 어려웠다. 이에 따라 Web 3.0 통합 전략에서는 다음과 같은 표준화가 요구된다.

- **국제 표준 채택**: W3C의 DID(탈중앙화 신원)·VC(검증가능 자격증명), GS1의 EPCIS(제품 이력 관리) 등 글로벌 표준을 활용해야 한다.
- **API 및 데이터 포맷 표준화**: JSON-LD, OpenAPI, ISO/TC 307 표준을 채택해 블록체인과 기존 시스템 간 데이터 교환을 원활히 한다.
- **토큰화 표준(ERC, BEP 계열)**: ERC-20(토큰), ERC-721(NFT), ERC-1155(혼합형 자산) 등 범용 규격을 활용하여 글로벌 호환성을 확보한다.

표준화된 데이터 구조는 산업별 블록체인 간 상호 연결을 촉진하고, 글로벌 확장성을 높인다.

5.4 기업 시스템 통합 전략

Web 3.0 기술을 성공적으로 도입하기 위해서는 기존의 ERP, SCM, CRM 등 기업 시스템과의 연동이 필수적이다. 이를 위해 API 기반 게이트웨이와 이벤트 드리븐(Event-Driven) 구조를 활용한다.

- **ERP 통합**: 재무, 회계, 재고 관리 데이터를 스마트 컨트랙트와 연계해 자동 정산 및 리포팅 시스템 구축.
- **SCM 연동**: 공급망의 주문·납품 데이터를 블록체인에 실시간 기록하여 품질·납기 투명성 확보.
- **CRM 연계**: 고객 데이터의 투명한 관리와 보상 토큰 시스템을 통한 충성도 강화.

또한 시스템 통합 시 데이터 프라이버시 보호, 접근 권한 제어, 트랜잭션 인증 등 보안 모듈을 내장해야 한다. 이를 통해 기존 중앙 시스템과의 충돌 없이 자연스러운 기술 이행이 가능해진다.

5.5 점진적 도입 로드맵

Web 3.0 기술은 전면 도입보다는 점진적 확산(Phased Deployment) 전략이 효과적이다. 다음은 12개월 기준의 일반적 도입 로드맵 예시이다.

단계	기간	주요 목표	주요 활동
1단계	0-3개월	문제 정의 및 PoC 설계	주요 유스케이스 선정(정산·추적·권리 관리) 및 기술 검증
2단계	4-6개월	MVP(최소 기능 제품) 개발	온보딩, 지갑 시스템, 결제 모듈 구축, 보안 감사 수행
3단계	7-9개월	통합 및 검증	ERP/SCM 연동, 규제 대응(KYC·AML), 모니터링 대시보드 구축
4단계	10-12개월	확장 및 거버넌스 정착	DAO 기반 의사결정, KPI 검토, 기술 고도화 및 확장

이 과정에서 각 단계별로 파일럿 실험, 보안 점검, 규제 협의를 병행해야 한다.

5.6 KPI 기반 성과 관리

Web 3.0 도입 성과는 정량적·정성적 지표를 통해 평가되어야 한다. 다음은 대표적인 KPI(Key Performance Indicator) 예시이다.

- **운영 효율성 지표**: 거래 처리 속도, 정산 소요시간, 오류율 감소율.
- **경제적 지표**: 수수료 절감액, 운영비(OPEX) 절감률, 매출 증가율.
- **품질 및 서비스 지표**: 불량률 감소, 리콜 리드타임 단축, 고객 만

족도 향상.
- **생태계 지표**: 활성 사용자 수, 지갑 등록 수, DAO 투표 참여율, 토큰 보상 분배율.

KPI 평가는 기술적 효과뿐 아니라 조직 문화, 고객 신뢰도, 규제 준수 정도까지 포함해야 한다.

5.7 규제 및 거버넌스 전략

Web 3.0의 성공은 기술보다 거버넌스와 규제 대응에 달려 있다. 특히 금융, 데이터, 저작권 등 각 산업별 법적 체계를 충족해야 한다.
- **규제 대응 전략**: AML/KYC, GDPR, 전자서명법 등 관련 규제의 기술적 구현 방안 마련.
- **거버넌스 설계**: DAO(탈중앙화 자율조직) 구조를 적용하여 제안-투표-집행 절차를 투명하게 관리.
- **위기 대응 프로세스**: 스마트 컨트랙트 오류나 보안 침해 시, 긴급 정지(Emergency Stop) 및 복구 절차 마련.
- **감사 및 보고 체계**: 온체인 감사 로그를 정부 및 규제 기관과 연계해 투명성 제고.

5.8 사용자 경험(UX) 혁신 전략

Web 3.0은 기술적 복잡성이 높기 때문에, 사용자 입장에서의 접근성과 단순성이 핵심 경쟁력이 된다. 일반 사용자가 쉽게 참여할 수 있는 UX 혁신이 뒷받침되어야 한다.

- **간편한 온보딩(Onboarding)**: 이메일 또는 소셜 로그인 기반의 Web 2.5형 인증 방식 도입.
- **가스비 추상화(Gas Abstraction)**: 사용자가 블록체인 수수료를 직접 지불하지 않도록 UX 단순화.
- **키 관리 개선**: MPC(Multi-Party Computation) 및 사회적 복구(Social Recovery) 기능으로 지갑 보안 강화.
- **사용자 교육 및 인센티브**: 퀘스트, 리워드, 배지 시스템을 활용해 학습형 참여 유도.

5.9 지속 가능한 생태계 구축

Web 3.0의 성공은 기술 도입 이후에도 생태계의 자생력을 확보하는 데 달려 있다. 이를 위해 다음과 같은 전략이 필요하다.

- **파트너십 확대**: 산업별 컨소시엄 구성 및 정부·학계·민간 협력 체계 구축.

- **지속 가능한 인센티브 구조**: 토큰 보상과 수수료 분배의 균형을 유지해 장기적인 참여 유도.
- **교육 및 인식 개선**: Web 3.0 기술과 철학에 대한 교육 프로그램 마련.
- **기술 진화 대응**: 레이어2, 샤딩, ZKP 등 차세대 기술을 지속 반영.

5.10 결론

융합 및 도입 전략의 핵심은 기존 산업의 효율성과 Web 3.0의 탈중앙화 철학을 균형 있게 결합하는 것이다. 하이브리드 구조, 표준화된 데이터 모델, 단계적 도입, 사용자 중심 UX, 그리고 규제 대응형 거버넌스가 조화를 이룰 때 Web 3.0은 전통 산업의 구조적 혁신을 실현할 수 있다.

궁극적으로 Web 3.0은 단순한 기술 변화가 아니라 산업 운영의 철학적 전환이며, 인간 중심의 신뢰 사회를 구축하기 위한 새로운 디지털 인프라의 완성이라 할 수 있다.

6. 도입 과제와 완화책

6.1 기술적 과제: 확장성과 보안

Web 3.0의 도입에서 가장 큰 기술적 난제는 확장성(Scalability)과 보안(Security)이다. 블록체인은 높은 신뢰성과 투명성을 제공하지만, 기존 중앙화 시스템에 비해 처리 속도와 유연성이 떨어진다는 한계가 있다. 또한, 개방형 네트워크 특성상 해킹 및 취약점 노출 위험도 존재한다. 따라서 Web 3.0의 성공적 도입을 위해서는 성능 개선과 보안 강화를 동시에 추진해야 한다.

(1) 확장성 문제와 개선 방안

블록체인은 모든 거래를 네트워크 노드가 검증해야 하기 때문에, 트랜잭션 처리 속도(TPS)가 느리고 수수료가 높아지는 구조적 한계를 지닌다. 이를 해결하기 위한 대표적 기술 접근법은 다음과 같다.

- **레이어2(Layer 2) 롤업(Rollup)**: 메인체인 외부에서 거래를 묶어 처리한 뒤 결과만 기록하는 방식으로, 거래 속도를 수십 배 이상 향상시킬 수 있다. 대표적인 예로 옵티미스틱 롤업(Optimistic Rollup)과 제로지식 롤업(ZK-Rollup)이 있다.

- **데이터 가용성 레이어(Data Availability Layer)**: 거래 데이터의 저장과 접근을 분리하여 확장성과 보안성을 동시에 확보한다. Celestia와 EigenDA와 같은 솔루션이 이를 지원한다.
- **샤딩(Sharding)**: 네트워크를 여러 조각(Shard)으로 나누어 병렬 처리함으로써 전체 처리 용량을 늘리는 방식이다. Ethereum 2.0의 핵심 구조로, 대규모 사용자 환경에서도 안정적인 서비스를 가능하게 한다.
- **오프체인 연산(Off-Chain Computation)**: 대용량 데이터나 복잡한 연산은 블록체인 외부에서 수행하고, 결과값만 체인에 기록함으로써 효율을 극대화한다. 예를 들어, Oracles 및 zkProof 연산이 이에 해당한다.

이러한 기술은 단일 체인의 병목 현상을 해소하여 대규모 거래·사용자 환경에서도 실용적인 Web 3.0 서비스를 운영할 수 있도록 한다.

(2) 보안 문제와 대응 전략

Web 3.0 환경의 보안은 코드, 인프라, 사용자 계층 등 다층적인 보호가 필요하다.

- **포멀 검증(Formal Verification)**: 스마트 컨트랙트를 수학적으로

검증하여 논리적 오류나 취약점을 사전에 제거한다.
- **업그레이드 컨트롤(Upgrade Control)**: 코드 변경 시 중앙 권한이 아닌 다중서명(Multisig) 또는 DAO 투표를 통해 변경 사항을 승인함으로써 무단 수정 방지.
- **멀티시그 및 키 복구(MPC·사회적 복구)**: 개인 키 분실이나 탈취에 대비해 다중 서명 및 분산 키 관리(MPC, Multi-Party Computation)를 적용한다. 사회적 복구(Social Recovery)를 통해 신뢰 네트워크를 기반으로 지갑 접근을 복원할 수도 있다.
- **모니터링 및 위협 탐지(SIEM)**: 보안 정보 이벤트 관리 시스템(Security Information & Event Management)을 도입하여 실시간 거래 패턴, 이상 징후, 해킹 시도를 탐지한다.

결국 Web 3.0의 기술적 완성도는 확장성과 보안의 균형에 달려 있다. 고성능·저비용 구조와 안전성 확보가 병행될 때, 산업 전반에서 Web 3.0의 신뢰 기반 디지털 인프라로의 도입이 가능해진다.

6.2 규제적 과제: 관할권과 법제 조화

Web 3.0은 국경 없는 디지털 생태계를 형성하지만, 각 국가의 법적·규제 체계는 여전히 분절되어 있다. 따라서 법적 불확실성을 해소하고 제도적 안정성을 확보하기 위한 규제 대응전략이 필수적이다.

(1) 관할권 문제와 법적 지위

탈중앙화 네트워크는 물리적 서버 위치나 운영 주체가 불명확하므로, 법적 관할권(Jurisdiction) 설정이 어렵다. 이를 해결하기 위해 프로젝트 운영 주체는 명확한 법적 등록 주소와 관할국을 지정해야 하며, DAO 형태의 거버넌스일 경우 이를 관리할 법인격을 부여할 필요가 있다.

또한 스마트 컨트랙트의 법적 지위를 명확히 해야 한다. 계약 자동 실행 결과에 대한 법적 효력을 인정받기 위해서는 기존 전자서명법, 민법상의 계약 요건과의 일치성을 확보해야 한다. 일부 국가는 스마트 컨트랙트를 전자문서로 인정하고 있으나, 국제적 합의는 아직 미비한 상태다.

(2) 데이터 규제와 삭제권 조화

블록체인은 데이터의 불변성을 특징으로 하지만, 유럽연합의 GDPR(General Data Protection Regulation)은 개인의 '삭제권(Right to be Forgotten)'을 보장한다. 이 두 원칙 간의 충돌을 완화하기 위해 다음과 같은 기술적 조치가 필요하다.

- **가명화(Pseudonymization)**: 개인 식별 정보를 암호화하여 특정 개인을 직접적으로 식별할 수 없도록 처리.
- **오프체인 포인터(Off-Chain Pointer)**: 민감한 데이터를 체인 밖에 저장하고, 블록체인에는 접근 경로(포인터)만 기록하여 삭제 요청 시 관리 가능.

이를 통해 데이터 투명성과 개인정보 보호 간의 조화를 달성할 수 있다.

(3) 금융 규제 및 자산 분류 문제

금융 분야에서는 AML/KYC(자금세탁방지·고객확인) 의무와 트래블룰(Travel Rule) 준수 여부가 중요하다. 거래소 및 지갑 서비스는 트래블룰 API를 통해 거래 정보를 교환하고, 규제 기관에 실시간 보고 체계를 마련해야 한다.

또한 RWA(Real World Asset) 및 토큰화 자산이 증권으로 간주될 가능성에 대비해, 사전 법률 검토가 필수적이다. 증권성 판단(Howey Test 등)에 따라 발행 구조를 설계해야 하며, 증권형 토큰(STO)일 경우에는 자본시장법 등 관련 규정을 충족해야 한다.

6.3 수용성 과제: 교육과 사용자 경험(UX)

기술과 규제의 장벽을 모두 해결하더라도, 일반 사용자의 수용성이 확보되지 않으면 Web 3.0의 확산은 불가능하다. 사용자는 복잡한 지갑 관리, 가스비 개념, 키 분실 위험 등으로 인해 Web 3.0 환경에 쉽게 접근하지 못한다. 따라서 교육과 UX 혁신이 핵심 과제로 부상한다.

(1) Web 2.5형 온보딩 전략

현재 많은 프로젝트가 Web 2.5 모델을 채택하여 기존 Web 2.0 환경과 Web 3.0 기술을 융합하고 있다. 즉, 이메일 또는 소셜 로그인으로 지갑을 자동 생성하고, 사용자는 별도의 시드 구문이나 키를 관리하지 않아도 된다. 여기에 비수탁형(Non-Custodial) 구조와 가스비 추상화(Gas Abstraction) 기술을 결합하면, 사용자는 블록체인 기술을 인식하지 않고도 서비스를 이용할 수 있다.

예를 들어, 사용자가 거래를 실행할 때 지갑이 자동으로 가스비를 대납하거나, 플랫폼이 수수료를 토큰 크레딧 형태로 보상하는 구조가 있다. 이러한 UX는 진입 장벽을 낮추고 대중 확산의 결정적 계기가 된다.

(2) 교육 및 인센티브 프로그램

사용자 교육은 Web 3.0의 철학과 기술 이해를 넓히는 핵심 수단이다. 다음과 같은 전략이 효과적이다.

- **보상 기반 학습(Reward-based Learning)**: 퀘스트, 미션 수행, 퀴즈 참여 등 학습 활동에 대해 토큰 보상 제공.
- **수수료 크레딧 제도**: 초기 이용자에게 일정량의 거래 수수료를 크레딧 형태로 지급하여 지속 이용을 유도.
- **커뮤니티 리워드**: 사용자가 신규 회원을 초대하거나 커뮤니티 기여 시 보상 제공.

이러한 인센티브 설계는 사용자 행동 데이터를 기반으로 지속적으로 조정되어야 하며, DAO 거버넌스와 연계해 참여의 투명성을 확보할 수 있다.

(3) 고객지원 및 분쟁 처리 체계

Web 3.0 환경에서도 신뢰할 수 있는 고객지원 시스템(Customer Support Protocol)이 필요하다. 탈중앙화 환경에서는 중앙 운영자가 없기 때문에, 분쟁 발생 시 해결 절차가 모호할 수 있다. 이를 해결하기 위해 다음과 같은 모델이 제안된다.

- **DAO 기반 분쟁조정위원회(Dispute DAO)**: 커뮤니티 투표로 분

쟁 해결안을 도출.
- **온체인 심사 및 중재 기록**: 거래 내역과 중재 결과를 블록체인에 기록하여 투명성 확보.
- **스마트 컨트랙트형 보증제도(Escrow Contract)**: 거래 완료 시점까지 자산을 스마트 컨트랙트에 보관하여 분쟁 시 자동 조정.

6.4 종합적 완화 전략

Web 3.0 도입은 기술·법제·사용자 측면의 다차원적 과제를 포함한다. 따라서 기술 보완 - 규제 조화 - 수용성 제고의 세 축을 균형 있게 추진해야 한다.
- **기술 측면**: L2 및 ZKP 기술을 중심으로 확장성과 보안을 강화.
- **규제 측면**: 국제 표준과 국내 법제의 조화, 관할권 명확화.
- **수용성 측면**: UX 단순화와 사용자 교육을 통한 대중 확산.

결국 Web 3.0의 성공은 기술 혁신뿐 아니라 사회적 수용력과 제도적 신뢰 구축에 달려 있다. 기술과 제도, 사용자 경험이 유기적으로 융합될 때, Web 3.0은 진정한 디지털 신뢰 사회의 기반으로 자리 잡게 될 것이다.

7. 사례 분석

7.1 성공 포인트 스냅샷

Web 3.0 기술은 여러 산업에서 이미 시범적으로 적용되어 다양한 성공 사례를 창출하고 있다. 본 장에서는 물류, 귀금속(다이아몬드), 금융(DeFi) 세 분야의 대표적 사례를 통해 Web 3.0 도입의 실질적 효과를 살펴본다.

(1) 물류 산업 - 문서 디지털화와 상태 데이터 온체인화

전통 물류 산업은 복잡한 서류 절차와 비효율적인 통관 프로세스가 오랜 문제로 지적되어 왔다. 특히 선적 서류, 인보이스, 원산지 증명서 등 다수의 서류가 수작업으로 처리되면서 오류와 지연이 빈번하게 발생했다. Web 3.0 기반 물류 플랫폼은 이러한 문제를 문서 디지털화(Digital Documentation)와 상태 데이터 온체인화(On-Chain Tracking)를 통해 해결했다.

예를 들어, 싱가포르 항만청(PSA)은 블록체인을 이용해 선적 서류를 디지털화하고, 화물 이동 정보를 실시간으로 블록체인에 기록했다. 이로 인해 통관 및 리드타임이 평균 40% 단축, 문서 위조 및 데이터 불일치 사례가 대폭 감소했다. 또한 IoT 센서와 연동된 블록체인 시스템을 통해 운송 중의 온도, 습도, 충격 여부 등 상태 데이터를 실시간으로 모니터링함으로써 품질 관리 신뢰도를 높였다. 이러한 시스템은 '디지털 트윈 물류망(Digital Twin Logistics)'의 초석이 되었으며, 향후 글로벌 표준으로 발전할 가능성이 높다.

성공 요인으로는 다음 세 가지가 꼽힌다.

- **데이터 신뢰성 확보**: 위변조 불가능한 거래 기록.
- **자동화 기반 효율성**: 스마트 컨트랙트를 통한 정산·통관 자동화.
- **공공기관 연계**: 정부·세관·항만청이 함께 참여한 거버넌스 구조.

이처럼 Web 3.0 기반 물류 혁신은 단순한 기술 도입이 아니라 국가 물류 효율성의 전략적 자산화로 이어지고 있다.

(2) 다이아몬드 산업 - 원산지 추적과 윤리적 소비 증명

귀금속 산업은 가치가 높은 상품의 특성상, 위조·밀수·불법 거래 등의 문제가 심각하게 제기되어 왔다. 특히 다이아몬드 시장에서는 분쟁 지역에서 채굴된 '블러드 다이아몬드' 이슈가 사회적 논란을 일으켰다. 이에 글로벌 기업 De Beers는 블록체인 기반의 공급망 관리 플랫폼 Tracr를 구축하여, 다이아몬드의 원산지 추적(Traceability)과 윤리적 소비(Ethical Sourcing)를 실현했다.

Tracr 시스템은 원석 채굴 단계부터 가공, 유통, 판매까지의 모든 이력을 블록체인에 기록한다. 소비자는 QR 코드 스캔을 통해 다이아몬드의 생산 이력, 인증서, 품질 검사 결과를 즉시 확인할 수 있다. 이를 통해 소비자 신뢰도와 브랜드 프리미엄이 25% 이상 상승하였으며, 고가 브랜드 중심의 시장에서 '투명성 기반 가치 프리미엄'이 형성되었다.

De Beers 사례의 핵심 성공 요인은 다음과 같다.

- **신뢰 구축**: 소비자가 진품 여부를 직접 검증할 수 있는 투명한 데이터.
- **브랜드 차별화**: 윤리적 가치 소비를 강조한 ESG 마케팅 연계.
- **협력 네트워크 확장**: 다수의 인증기관·보석 감정소·리테일러가 시스템에 참여.

이 사례는 Web 3.0 기술이 단순한 거래 효율을 넘어서 브랜드 가치와 윤리적 신뢰의 경제적 자산화를 이끌어낼 수 있음을 보여준다.

(3) 금융 산업 - DeFi DEX의 유동성 혁신

DeFi(탈중앙화 금융)는 금융 중개자의 개입 없이 스마트 컨트랙트로 거래가 이루어지는 구조를 구현한다. 대표적 성공 사례는 탈중앙화 거래소(DEX), 특히 Uniswap이다. Uniswap은 전통적 오더북(Orderbook) 대신 AMM(Automated Market Maker) 알고리즘을 사용하여, 사용자가 언제든 자산을 교환할 수 있는 자동화된 유동성 시장을 형성했다.

이를 통해 거래비용이 중앙 거래소 대비 30~70% 절감, 접근성이 획기적으로 개선되었으며, 누구나 유동성 제공자(LP)가 되어 수익을 창출할 수 있게 되었다. 또한, 스마트 컨트랙트를 통한 자동 정산으로 거래 투명성이 보장되고, 프론트러닝(Front-running) 방지 시스템이 강화되면서 신뢰도 역시 향상되었다.

DeFi DEX 성공의 본질은 탈중앙화 + 자동화 + 인센티브 구조의 조합에 있다.

- **탈중앙화**: 사용자 간 직접 거래로 중개비용 제거.
- **자동화**: 스마트 컨트랙트에 의한 유동성 공급 및 정산.
- **인센티브 구조**: 거래 수수료의 일부를 유동성 공급자에게 분배하여 자생적 시장 형성.

이로써 Uniswap은 단순한 거래소가 아닌 Web 3.0형 금융 생태계의 표준 모델로 자리 잡았다.

7.2 실패 사례와 교훈

Web 3.0 기술이 모든 산업에서 성공한 것은 아니다. 여러 프로젝트가 초기 기대에 미치지 못하거나 중단된 사례도 적지 않다. 실패의 주요 원인은 기술적 문제보다 운영, 인프라, 수용성 부족에 있었다.

(1) 주요 실패 요인

- **사용자 교육 부재**: 일반 사용자가 지갑 관리, 키 복구, 가스비 개념 등을 이해하지 못해 서비스 이탈이 발생.
- **인프라 미비**: 속도·보안 문제로 인해 실시간 서비스에 적합하지 않은 환경이 지속.
- **초기비용 부담**: 시스템 구축·보안 감사·법률 검토에 필요한 자금이 과도.
- **생태계 임계치 미달**: 초기 참여자 수 부족으로 인센티브 경제가 정상 작동하지 않음.
- **규제 불확실성**: 정부의 명확한 가이드라인 부재로 인해 투자와 참여가 위축.

이러한 요인들은 기술보다 생태계 설계와 사회적 수용성의 부족에서 비롯된 경우가 많았다.

(2) 실패에서 얻은 교훈

성공적인 Web 3.0 전환을 위해 다음과 같은 교훈이 도출된다.

- **사용자 중심 UX 설계**: 복잡한 블록체인 인터페이스 대신 직관적 UX 제공.
- **파일럿 프로젝트 축적**: 초기 단계에서 소규모 실험(PoC)을 반복하여 기술·운영·규제 리스크를 최소화.
- **공공·규제기관 연계 지원**: 정부 기관 및 규제 샌드박스 프로그램과의 협업을 통한 제도적 정착.
- **경제적 인센티브 설계**: 사용자와 사업자가 지속 참여할 수 있는 토큰·리워드 구조 확립.
- **지속 가능한 거버넌스**: 커뮤니티 기반 DAO를 통해 정책 및 보상 구조를 투명하게 관리.

이 교훈은 단순한 기술 적용이 아니라 신뢰와 참여 중심의 Web 3.0 생태계를 구축하는 핵심 지침이다.

7.3 종합 평가

성공과 실패 사례를 종합하면, Web 3.0 도입의 성패는 기술이 아니라 사회적 신뢰, 제도적 지원, 사용자 경험의 삼박자에 달려 있음을 확인할 수 있다. Web 3.0은 기술 혁신의 단계에서 이제 사회적 인프라로의 확장기에 진입하고 있다. 향후 각 산업은 파일럿 프로젝트를 거쳐 "신뢰 기반 자동화 경제(Trust-Based Autonomous Economy)"로 진화할 것이며, 이 과정에서 정부·산업·시민이 함께 설계하는 거버넌스 모델이 핵심 역할을 하게 될 것이다.

결국 Web 3.0의 성공은 기술이 아닌 철학과 참여의 문제이며, 신뢰를 데이터로 구현하는 새로운 시대의 패러다임으로 자리 잡을 것이다.

8. 결론 및 제언

8.1 결론

본 연구의 분석 결과, Web 3.0은 전통 산업의 신뢰 구조를 근본적으로 재설계하는 패러다임 전환 기술임이 확인되었다. Web 3.0은 단순히 블록체인이나 탈중앙화 기술의 집합체가 아니라, 인간의 신뢰를 기술로 구현하는 새로운 경제·사회 인프라로 기능한다. 전통 산업의 중앙집중형 구조가 가진 비효율, 불투명, 불신 문제를 해결하면서도, 비용 절감·속도 향상·투명성 확보라는 세 가지 구조적 혁신을 동시에 달성할 수 있다.

가장 핵심적인 개념은 "신뢰 가능한 자동화(Trustworthy Automation)"이다. 이는 스마트 컨트랙트 기반의 자동 실행, 분산원장에 의한 검증 가능한 기록, 그리고 오라클·AI 등 외부 시스템과의 연동을 통해 실현된다. 즉, 인간의 개입 없이도 계약·결제·검증이 자동화되며, 모든 거래가 검증 가능한 형태로 기록된다. 그 결과, 기존에 신뢰 확보를 위해 필요했던 중개비용·감사비용·관리비용이 획기적으로 줄어든다.

Web 3.0이 산업 혁신의 촉매가 되기 위해서는 다음 네 가지 핵심 요건이 충족되어야 한다.

- **하이브리드 통합 구조**: 온체인(신뢰)과 오프체인(성능)의 역할을 분리·연계하여 실용성과 확장성을 동시에 확보해야 한다.
- **거버넌스 체계**: DAO 기반의 참여형 의사결정 구조를 도입하고, 이해관계자의 투명한 참여를 보장해야 한다.
- **규제 적합성 확보**: AML/KYC, 데이터 보호, 증권성 판단 등 기존 법체계와의 조화를 이루는 제도 설계가 필수적이다.
- **UX 단순화**: 사용자가 기술적 복잡성을 인식하지 않고 서비스를 이용할 수 있도록 Web2.5형 접근성을 확보해야 한다.

결국 Web 3.0은 "기술 중심의 혁신"을 넘어, 신뢰와 자율성을 기반으로 한 인간 중심의 산업 운영체계로 진화하고 있다. 이는 기업의 경쟁력 확보뿐 아니라, 사회 전체의 디지털 신뢰 인프라 구축이라는 거시적 가치로 확장된다.

8.2 정책 제언

Web 3.0의 지속적 성장과 산업 확산을 위해서는 정부 차원의 제도적 지원과 규제 혁신이 병행되어야 한다. 다음은 주요 정책 제언이다.

① **기술중립 원칙 확립**: 정부는 특정 기술을 제한하거나 우대하기보다, 기능과 효과 중심의 기술중립적 규제 체계를 마련해야 한다. Web 3.0 기술은 빠르게 진화하므로, 지나친 사전 규제보다는 사후 검증과 자율 규제 모델이 적합하다.

② **규제 샌드박스 제도 확대**: 새로운 블록체인 서비스와 DAO 모델을 실험할 수 있는 '디지털 샌드박스'를 구축해야 한다. 이를 통해 기업이 법적 불확실성 없이 기술을 시험·검증할 수 있는 환경을 제공해야 한다.

③ **스마트 컨트랙트의 법적 증거능력 인정**: 스마트 컨트랙트를 법적 계약으로 인정하고, 체인 상 기록을 전자문서로 간주하는 법적 근거를 마련해야 한다. 이는 디지털 거래의 신뢰성과 효

력 보장을 위한 핵심 요소이다.

④ **데이터 보호 가이드라인 정립**: 블록체인의 불변성과 개인정보의 삭제권(GDPR)을 조화시킬 수 있는 구체적 가이드라인이 필요하다. 예를 들어, 가명화·오프체인 포인터 등의 기술을 법적으로 허용하는 명문화된 기준을 제시해야 한다.

⑤ **산업 표준화 및 국제 협력 추진**: W3C, ISO, GS1 등 글로벌 표준기구와의 연계를 통해, DID·NFT·DeFi·데이터 교환 등 핵심 영역의 국제 표준을 선도해야 한다. 이는 국내 기업의 글로벌 진출과 상호운용성 확보에 중요한 발판이 된다.

8.3 기업 제언

기업 차원에서는 단순한 기술 도입이 아니라 전략적 로드맵 기반의 단계적 실행이 필요하다. 다음은 Web 3.0 도입을 고려하는 기업을 위한 실천적 제언이다.

① **고가치 유즈케이스부터 점진적 도입**: 즉각적인 ROI(Return on Investment)를 창출할 수 있는 영역—정산 자동화, 공급망 추적, NFT 기반 저작권 관리 등—에서 시작해 단계적으로 확장해야 한다.

② **KPI 기반 평가 및 확장 전략**: Web 3.0 도입 효과를 정량화하기

위해 KPI를 설정하고, 비용 절감·속도 향상·고객 신뢰도 상승 등 구체적 지표로 성과를 측정해야 한다.

③ **생태계 파트너십 구축**: 단일 기업이 아닌, 공급망·규제기관·금융기관 등과의 협력 네트워크를 형성하여 생태계 기반의 혁신을 추진해야 한다.

④ **토큰 인센티브 설계**: 사용자, 파트너, 개발자 등 생태계 참여자에게 보상 토큰을 분배함으로써 지속 가능한 참여 구조를 마련해야 한다. 이는 단순한 경제적 보상을 넘어, 참여를 통한 신뢰의 순환 구조를 형성한다.

8.4 맺음말

Web 3.0은 더이상 실험적 개념이 아니다. 이는 산업의 효율성과 투명성을 근본적으로 바꾸는 신뢰 기반 자동화 경제의 실체이며, 산업 전반이 이 철학을 받아들일 때, 진정한 디지털 전환은 완성된다. 기술이 인간의 가치를 확장하고, 신뢰가 경제를 설계하는 미래—그 중심에 Web 3.0이 있다.

참고문헌

■ 해외 문헌

- Nakamoto, S. (2008). Bitcoin: A Peer-to-Peer Electronic Cash System. Retrieved from https://bitcoin.org/bitcoin.pdf

- Buterin, V. (2014). A Next-Generation Smart Contract and Decentralized Application Platform. Ethereum White Paper.

- Tapscott, D., & Tapscott, A. (2016). Blockchain Revolution: How the Technology Behind Bitcoin is Changing Money, Business, and the World. Penguin Random House.

- Antonopoulos, A. M. (2017). Mastering Bitcoin: Programming the Open Blockchain (2nd ed.). O'Reilly Media.

- Narayanan, A., Bonneau, J., Felten, E., Miller, A., & Goldfeder, S. (2016). Bitcoin and Cryptocurrency Technologies: A Comprehensive Introduction. Princeton University Press.

- Swan, M. (2015). Blockchain: Blueprint for a New Economy. O'Reilly Media.

- Schwab, K. (2017). The Fourth Industrial Revolution. World Economic Forum.

■ **국내 문헌**

- 다니엘 드레셔(2018), 『블록체인 무엇인가?』, 서울: 이지스퍼블리싱.

- 인호, 오준호(2020), 『부의 미래, 누가 주도할 것인가: 블록체인과 디지털 자산 혁명』, 서울: 미지biz.

- 돈탭스콧 & 알렉스 탭스콧(2017), 『블록체인 혁명』, 서울: 을유문화사.

- 김승주 외(2020), 『블록체인과 보안』, 서울: 경문사.

- 박성준(2017), 『블록체인 혁명, 이미 시작된 미래』, 서울: 한스미디어.

- 한국인터넷진흥원(KISA) (2022), 「글로벌 블록체인 기술·정책·산업 동향」.

- 한국인터넷진흥원(KISA) (2022), 「블록체인 관련 글로벌 동향분석(2022년 3·6·9·10월호)」.

- 과학기술정보통신부(MSIT) (2022), 「2023년 블록체인 산업 실태조사 계획」 보도자료.

※ 상기 참고문헌은 본 연구의 주요 인용 및 배경 자료를 중심으로 축약 정리하였으며, 최신 Web 3.0·블록체인 기술 및 산업 거버넌스 관련 주요 해외·국내 연구를 포괄함.